JN113213

コールセンター/CS組織のリーダー学

スーパーバイザーの教科書

寺下 薫
Kaoru Terashita

リックテレコム

はじめに

SV（スーパーバイザー）就任おめでとうございます！

これから新しくSVになる方は、不安な気持ちとワクワクドキドキする気持ちの両方を感じていることでしょう。オペレーターから昇格された方もいるでしょうし、いきなりSVとして着任された方もいると思いますが、SVの仕事は、本来、なかなか経験できないことが経験できる特別な機会だと思ってください。なぜなら、通常、企業の組織で数名のスタッフを管理する役職に就くには、相当な年数がかかったりするからです。係長か課長になるにも、50代近くになって初めてそうしたポストが与えられることなんて、珍しくないのです。

しかし、コンタクトセンターのSVは、そのような期間を経ずして、まるで中間管理職のような仕事を経験することができます。また、SVが学ぶべきコンタクトセンターでの基礎知識は、意外と多くあります。その1つひとつの内容をしっかり学んでいければ、どんな部署でも対応できるようなスキルや知識、経験を身につけることができます。私は、コンタクトセンターに人生で初めて携わることになったのは、2002年です。プロジェクトリーダー募集という求人広告に惹かれて、外資系の会社に応募しました。入社後、驚いたことに配属先がコンタクトセンターでした。当時は右も左も分からない状態で、ＳＶ業務をやっていました。その頃は、ＳＶに対する研修が十分に行われていたわけではないので、１～２日の本社研修で現場に配属され、あとは現場で学べといったやり方で、当時は、そうやってＳＶを育成する現場が多数ありました。私は、訳も分からないまま、ＳＶの仕事を現場で覚えていきましたが、上司からは怒られっぱなしで相当苦労しました。ＳＶとして、どう動いていいのかすら分からず、ベテランのオペレーターに「ＳＶの仕事はこうやってやるんですよ」と教えられる始末でした。

これまでを振り返ってみると、ＳＶという仕事を通じて、たくさんのことを学ぶことができたと思います。そして、ＳＶが変われば、センターが変わるということも分かりました。私は、ヤフー在籍時の２０１３年に問題解決養成塾である「ＳＶ研究会」を立ち上げました。これまでに71社２３６名のＳＶを育成してきました。そして、民間企業や自治体のコンタクトセンターのＳＶやリーダー向けに数多くの研修を行ってきました。ＳＶ研究会や研修で学んだＳＶが現場で活躍するようになり、参加者がセンター長や部長に昇進するなど、飛躍的な変身を遂げていっています。最初、ＳＶスキルを持っていなかったのに、研修後にはＳＶスキルを身につけ、しかも現場であらゆる問題を解決し、成果まで出すことができてきています。

あなたもこの本を読んで、できるリーダー、できるＳＶになってみませんか。

コンタクトセンターというと、システムやコンタクトセンター特有の専門用語など、とかく難しい言葉が出てきがちですが、私は、これからSVとして稼働する新人SVの皆さんや既存SVの皆さんはもちろんのこと、SVを指導育成するセンター長やマネージャー、そしてオペレーターにも広く読んで参考にしてもらえるよう、本書で使う言葉も、できるだけ分かりやすい言葉を使って説明しようと思っています。

そろそろ、前置きはこれくらいにして、どうすれば、コンタクトセンターのSVがコンタクトセンターを円滑に運用するための基礎的な専門スキルを身につけ、実際に運用できるようになり、そして最終的には経営貢献できるリーダーになれるのか、その秘訣を1つずつ解説していきたいと思います。

では、早速始めていきましょう。

第2章 配属初日~3カ月までの過ごし方

第4章 SVの専門スキル　運用管理編

第5章 SVの専門スキル　業務管理編

第6章 SVの専門スキル 人材管理編

第7章 チームビルディング……213

第1章

SV昇格時の心構え

第1章では、SV(スーパーバイザー)が身につけるべき心構えについて、学んでいきます。SVは、コンタクトセンターの管理監督者であり、業務の進捗管理やオペレーターのサポート、オペレーターの育成、勤怠管理、シフト管理、1on1など、やるべき仕事は多岐にわたります。複数のチームを管理することも多いため、SVには管理能力が必要とされます。コンタクトセンターのSVに着任したら、どういう心の準備をして、SV業務をしていけばよいかについて、まず勉強していきましょう。

1. SVになったら身につけるべき心構え

本格的に稼働する前に、SVとしての心の準備、つまり、身につけるべき心構えを理解することから始めていきます。ただ、この心構えは単に頭で理解するだけでなく、現場で意識し続けること、そして何より現場で実践できることが大切です。

(1) 前向きに取り組む

まず1つ目は、何をするにしても「前向きに取り組む」ということです。大きなセンターでは、SVの人数も多く、役割分担が明確にされています。例えば、シフト担当やモニタリング担当など、やるべき仕事が限定的になっているSVもいると思います。一方、SV1人がオペレーター全員を見ている、いわゆる〝一人現場〟では、オペレーターからのエスカレーション対応やモニタリング、シフト作成など、あらゆるすべての業務を１人でこなす必要があります。ただ、現場がどこであれ、また、仕事の範囲がどうであれ、前向きに取り組むということです。

前向きに取り組むというのは、具体的に次の３つの言葉を仕事で言わないようにすることです。それは、「できない」「無理」「難しい」です。センター運営をしていると、いろいろな問題に直面すると思いますが、その際、「できない」「無理」「難しい」ではなく、どうやったらできるかという観点で物事を考えることです。「できない」「無理」「難しい」という言葉を常に周りに言い続けることで、自分の大変さをアピールしている人もいますが、前向きな気持ちで仕事に取り組めるかどうかは、実は、あなた自身が決めています。

⑵スケジュールは前倒し

２つ目に必要なＳＶの心構えとしては、「スケジュールを前倒しにする」ことです。

ＳＶになると、やらなければならない仕事も多くなり、とても忙しくなります。ミーティングの参加やシフトの作成などのＳＶとしての仕事が増え、月次報告書の作成やオペレーターの評価など、締め切りがあるものも少なくありません。締め切りがある提出物があったりした場合は、スケジュールを前倒しして設定し、実行に移すのです。具体的には、例えば９月30日提出締め切りの月次報告書があったとしましょう。その場合、多くのＳＶは、９月30日を目指して報告書を作成します。そう、業務の多忙を理由に提出がギリギリになるのです。その場合、自分の中での締切日を１日前に設けておきます。9月29日に提出するように自分の中の予定を組み、Outlookなどのスケジュールソフトにもリマインドを通知するよう設定しておくのです。すると、月次報告書が1日前に出来上がるので、気持ちに余裕が出ますし、万一、提出物に間違いを発見したとしても、修正することが可能です。

(3) 失敗を恐れない

3つ目は、「失敗を恐れない」ことです。センター内で新しい施策を行うケースがあります。そんな時、人はこう考えます。「失敗したら、どうしよう?」「もしかして、うまくいかないんじゃないか?」「失敗したら、怒られるんじゃないか」――。誰しも失敗したくありませんし、恥もかきたくありません。しかし、現状維持は退化することだと思って、失敗を恐れることなく新しいことにチャレンジすることです。なお、チャレンジして失敗しても、それをとがめる上司は、実はあまりいません。私も昔、チャレンジして大失敗したことがあるのですが、上司である当時の本部長から、大きな失敗をしたにもかかわらず、笑顔で「前のめりの失敗だから今回はOK」と言って、笑って許してくれました。

(4) 問題から逃げない

4つ目は、「問題から逃げない」です。SVの仕事は、正直に言うと、楽な仕事ばかりではありません。時には、クレームの二次対応のように、大変な仕事もあります。

以前、こんなことがありました。

私がオペレーターの仕事をしていた時、お客様からクレームの電話がかかってきました。会社側にミスがあったため、平身低頭、謝罪したのですが、お客様の怒りは収まらず、ついには「上司に代われ」と言われてしまいました。私は、20代の若手ＳＶであるＫさんに「クレームの電話で、上司に代わってほしいと言われています」と伝えました。Ｋさんは、本来であれば、電話を代わらなければいけない状況でしたが、きっぱり私にこう言ったのです。

「私が電話を代わっても、寺下さんと同じ回答になるから、もうちょっと頑張ってみて」と。

そう、Ｋさんはクレームが怖いのです。私は、その回答にびっくりしましたが、仕方ないので再度、自分が電話に出て対応することにしました。上司が出ると思っていたお客様は、再び私が電話に出たことに対して、当然のことながら激怒しました。

その後のＫさんを観察していましたが、他のオペレーターがＫさんにクレームでエスカレーションしましたが、私の時と同じ理由で、電話の交代を断っていました。その結果、Ｋさんのチームのオペレーターは、私以外は全員辞めていきました。当然の結果ですよね。ずっと逃げ続けるのも１つの手としてありなのかもしれませんが、私はオススメしません。問題から逃げて、その時は楽かもしれませんが、今回のＫさんのようにまた同じ問題に直面することのほうが圧倒的に多いからです。だからこそ、問題に直面したら、逃げたくなっても逃げずに、勇気を持って正面からぶつかることです。

(5) モラルを高く持つ

５つ目に「モラルを高く持つ」ことです。センター内にはいろいろなルールがあります。それは、たくさんの人が同じ場所と時間を共有することになり、お互いが気持ち良く仕事をするために一定の秩序が必要だからです。一度モラルが低下すると、それを回復するのに多大な時間と労力を要します。センター内ルールをＳＶが自ら破れば、「ＳＶもやっていたのだから、いいでしょ」となってしまうのです。

以前、こんなことがありました。よくペットボトルなどフタ付きのドリンクはセンターへの持ち込みがＯＫになっていますが、多くのセンターではフタが付いていない缶ジュースの持ち込みは禁止しています。缶ジュースを倒した際に、飲み物がパソコンのキーボードにかかってしまうと、故障の原因になってしまったりするからです。実際に故障させた人もいて、修理に数万円かかったことがあります。ある時、1人のＳＶがルールを破って、缶ジュースをセンター内に持ち込んでしまいました。その結果、「私もいいでしょ」というオペレーターが続発し、再度ルールを徹底させるのに、とても時間がかかり、苦労もしました。オペレーターのＳＶへの信頼感も低下したのは、いま思い出しても苦い経験です。遅刻はしない、休憩時間は終了時間の少し前に余裕を持って戻ってくるなど、当たり前のことを当たり前にするだけなのですが、これが意外とできないのです。あなたも自分の行動を思い返してほしいです。オペレーターには休憩時間を守れないと目くじらを立てる一方、気の合うＳＶ同士で休憩時間をオーバーしてランチなど行っていないでしょうか。モラルは、オペレーターより常に一歩高い意識で持ち続け、徹底して遵守することが大切です。

⑹改めてお客様第一の意識を持つ

最後、６つ目に「改めてお客様第一の意識を持つ」ことです。そんなの当たり前で、今さらと思っている方も大勢いらっしゃるでしょう。では、ここで１つクイズをやってみたいと思います。

ある通販の受注センターのコンタクトセンターで、あなたはオペレーターとして働いています。今日は12月24日、クリスマスイブの夜。コンタクトセンターの受付時間の終了間際に１本の電話が入電してきて、あなたが取りました。

電話をしてきているのは、ある５歳の娘を持つ30代くらいと思われるお父さんです。

娘の父親：「あなたの会社の通販サイトで買った商品が今日届くはずなのに届かないではないか。今日届かないと意味がないんだ。早く届けてほしい」

オペレーターであるあなたがよくよく話を聞いてみると、そのお父さんは、あなたの会社の通販サイトで子どものクリスマスプレゼント用におもちゃを購入（配達日は12月24日夜）したのですが、肝心のクリスマスイブに商品がまだ届いていないという苦情だったのです。

娘さんの名前は、唯ちゃんで、サンタクロースからのプレゼントが届くのをクリスマス前からずっと心待ちにしていると言います。

あなたは、早速、配送状況をパソコンで確認しましたが、なんと、大雪と高速道路の通行止めなど悪条件が重なり、12月24日中の配送はできないことが判明しました。システム上も明日(25日)以降のお届けになると表示されていました。あなたは、唯ちゃんの住まいの県や近隣の都道府県に会社の支社や営業所があれば、そこから届けられるのではないかとも思いましたが、近隣に支社や営業所などはありません。また、お客様へ直接お届けするにも交通機関は既に終了しており、本日中にお客様のお宅に届けることは、実質不可能な状況です。


時刻は、夜の8時過ぎ。

お父さんは、商品を早く届けろと言って、とても怒っています。

さて、あなたは、この状況で、お客様に対し、どのように対応しますか?


どうです? あなたは、どんな対応をされますでしょうか?


事情を説明して、謝り倒して許してもらうでしょうか。

これは実際にあったお話です。実話では、どうだったかというと……。

電話を取った男性オペレーターは、電話を唯ちゃんに代わってもらうようお願いし、唯ちゃんと話し始めます。

オペレーター：「唯ちゃん？」
唯ちゃん　　：「う、うん……だれ？」
オペレーター：「サンタさんだよ。唯ちゃんは今年、お父さんとお母さんの言うことを聞いて、いい子にしていて、偉かったね。サンタさんは、いま、今年いい子にしてた子にプレゼントを届けているんだけど、今年はいい子がたくさんいてね。プレゼントを届けるのに時間がかかっているんだ。だから、唯ちゃんのお家にも明日になってしまうかもしれないけど、必ず届けに行くから、待っててね」
唯ちゃん　　：「うん。わかった」

そう言って、オペレーターと唯ちゃんの電話は終わりました。

お客様第一ではない人は、一生懸命に事情を説明して、お詫びして、なんとか許しを乞おうとします。しかし、謝ったところで、お客様の抱える問題は何ひとつ解決しません。お客様のために、自分に何ができるかを脳みそが汗をかくくらい考えることです。土壇場に追い込まれた時、人は本音が出ます。だからこそ、お客様第一を実践するにはどうすればよいか、お客様が満足するにはどうしたらいいかを常日頃から考えることが大事です。

2. センター長やマネージャーとの付き合い方

ＳＶに昇進すると、オペレーターだけでなく、上司であるセンター長やマネージャーとの付き合いが始まります。センター長やマネージャーに業務上の報告や連絡、相談、いわゆる「報連相」をすることが増えます。報連相とは、報告、連絡、相談の頭文字を取って、ホウレンソウと呼んでいます。例えば、ＳＶは、センター長に朝一番で前日の着信状況などを報告するケースなどがありますし、また、トラブル発生時には、センター長に連絡することもあるでしょう。自分で考えた新しい施策を企画提案する際にも、センター長に事前に相談したりすることもあると思います。

その際、センター長やマネージャーへの報告、連絡、相談は、明瞭かつ簡潔に伝えることが必要です。

(1) 明瞭かつ簡潔に伝える

明瞭かつ簡潔に伝えるには、どうすればいいかといえば、単刀直入、結論から伝えることです。あなたは、ＰＲＥＰ法という方法を聞いたことはあるでしょうか。ＰＲＥＰ（プレップと読みます）法とは、結論(Point)、理由(Reason)、具体例(Example)、結論(Point)の英語の頭文字を取っています。特に上司から、「話が長い」とか「あなたの言っている意味が分からない」と言われてしまう人は要注意です。報告の際など、次のようにＰＲＥＰ法を使って説明するように心がけてみてください。

具体的な例で説明すると、

結論（Point）：先月のコンタクトセンターの後処理時間が、目標より平均1分長くなってしまいましたので、後処理時間の短縮を図ります。

理由（Reason）：新しいシステムの導入後、オペレーターが新しいシステムの操作に不慣れなため、入力時間が増加しているからです。

具体例（Example）：例えば、前のシステムではカテゴリーの選択に30秒かかっていたものが、新しいシステムでは、1分30秒かかってしまうケースが複数報告されています。

結論（Point）：この問題を解決するために、オペレーターへの入力方法の研修を強化し、後処理時間の短縮を図りたいと考えています。

このような順番で説明することで、端的に上司に伝えることができます。コミュニケーションをとる時に大切なことは、伝えることではなく、相手に伝わることです。SVは、伝えることに一生懸命になりがちですが、相手に伝わることのほうが実は重要なのです。

(2) バッドニュースファースト

上長であるセンター長やマネージャーに対して、SVはまめに報告、連絡、相談をする必要があります。特に重要なことは、「バッドニュースファースト」、つまり、お客様対応のトラブルなど、センター長に早めに報告したほうが望ましい悪い情報は、いち早く上長に報連相する必要があります。しかし、これは口で言うほど容易なことではないのです。なぜなら、バッドニュースは報告されないことが多いからです。

バッドニュースが報告されない理由としては……

(イ) なんとか自分で解決できると思っている
(ロ) ミスやトラブルを報告したら怒られるから嫌だ
(ハ) これくらいなら報告しなくても大丈夫でしょ
(ニ) 前に報告したけど、何も対応してくれなかった
(ホ) せっかく報告したのに、面倒なことを言ってきたという態度をされた
(ヘ) 後で何とかなると思った

といろいろあると思います。

バッドニュースが報告をされない環境になっていると、とんでもない事件や事故に発展することがあります。以前、センターでこんなことがありました。

お客様があるサービスの停止日を電話連絡してきたのですが、オペレーターの対応が良くないということで、SVのAさんがオペレーターに代わり対応することになりました。その際、お客様の住所のマンションの部屋番号を間違ってシステムに入力してしまったのです。数時間後、サービスを停止

されたお客様から電話がかかってきたことで問題が発覚します。しかも、たまたま、その電話のエスカレーションを入力ミスしたAさんが受けたのです。Aさんは、お客様に謝罪したうえで、サービス再開の手続きをしました。しかし、その件を自分で解決したから問題ないとして、Aさんはセンター長に報告しませんでした。

その数日後、サービスが停止されていないと言って、お客様から電話がかかってきました。そうです。Aさんは、間違って停止したお客様のサービスを再開したのは良かったのですが、最初のお客様から申し出があったサービスの停止手続きをするのを、すっかり忘れていたのです。サービス停止を申し出たのに停止されておらず、料金がかかっている。納得できないから上司に代われと言われ、問題が発覚したのです。対応履歴を確認し、通話録音を聞いて、すべてが判明しました。すべては、Aさんが黙っていたことで、大きなトラブルに発展しました。センター長がAさんに黙っていた原因をヒアリングしたところ、自分で解決できると思ったし、ミスを報告したら評価に影響すると思ったと言っていました。こういうことが実際の現場ではよく起こるのです。

ちょっとくらいいいだろうと思った小さなミスやトラブルが、会社の危機に陥るようなミスやトラブルに発展することは、往々にしてあります。ミスなどが発生すると、怒られたくないあまり、それを黙っていたり、隠してしまったりします。そうやって報連相をしないSVもたまに見かけたりしますが、よくありません。悪いニュースこそ、先に報告すべきなのです。バッドニュースファーストで対応しましょう。報連相の最大のポイントは、センター長やマネージャーの知りたいことを共有することにあります。ＳＶは、上司がどんな情報を求めているのか、常にアンテナを高くするべきです。

(3) 陰口を叩かない

ついＳＶは、上長であるセンター長やマネージャーの陰口を叩いたりしたくなる時もあると思いますが、やってはいけません。例えば、センター長について、「センター長って、優柔不断だよね」とか、「うちのセンター長は、いつも不機嫌だよね」などといった、陰口をＳＶは叩かないことです。実は、人は誰かの悪口を言うと「ドーパミン」という脳内の興奮物質が出て、喜びを感じることが分かっています。脳科学者によると、一時的にそれを幸せだと感じ、さらにドーパミンによる快楽を求めようとして、さらに悪口を言うようになるなど、無意識のうちにエスカレートしていきます。その結果、悪口を言うことをやめられなくなっていきます。そして、悪口を言う時、実はストレスホルモンである「コルチゾール」が同時に分泌されます。コルチゾールは、ストレスを感じた時に放出されるホルモンのことです。つまり、悪口を言うことで、快楽を得ると同時にストレスも感じているのです。

陰口を言って、日頃の憂さを晴らしたいのかもしれませんが、百害あって一利なしです。陰口を言うＳＶは、相手をけなして、自分の価値を高めようとします。しかし、やっていることは、自分の持つ劣等感を和らげようとしているだけなのです。ＳＶの立ち居振る舞いや言動は、オペレーターから注意深く見られているので、気をつけたほうがいいです。オペレーターの前でセンター長や同僚の悪口を言うのが一番良くないです。陰口は、自分だけでなく周りの人をも不幸にさせると思って、グッと堪え、言わないように努力すべきです。

(4) 社内評論家にならず企画提案する

新しい取り組みがセンターで実施される際、まるでテレビの評論家みたいな感じで、実行する前から批判的なことを言ったりするSVがいます。批判するSVに限って、文句を言っているだけで行動に起こすことは、ほとんどありません。もし、自分がその取り組みがおかしいと思うなら、具体的な対案や代替案を出したほうがいいです。「センター長、先日の取り組みについて、自分でもこう考えてみたんですけど、一度見ていただけないでしょうか」と提案するのが、SVの本来のやるべき仕事です。あれはダメだ、これはダメだと文句だけを言っているSVは、周りの士気を下げてしまうので、要注意です。

以上、SVとしての心構えについてお話ししました。心構えは、一朝一夕にはつかないものなので、常日頃から意識し続ける必要があります。意識し続ければいいんでしょ？　と思うかもしれませんが、意識し続けるというのは、案外難しいことです。せっかくですので、意識し続けることの難しさを体感してみましょう。まずは、いつもやっている腕組みをしてみてください。それが、今までのやり方だと思ってください。では次に、今の腕組みしている腕の上下を入れ替えてみてください。それが、今回習ったSVの心構えだと思ってください。今は、私が上下を入れ替えてくださいと言ったので、上下を入れ替えた、いわゆる違和感を覚える腕組みができていると思いますが、意識しなくなった途端、元の自分のやりやすい自然な腕組み、つまり従来の考え方になってしまいます。意識し続けるというのは、それくらい難しいのです。

ＳＶは、オペレーターからも、センター長からもよく見られているポジションです。ＳＶとしてのあるべき姿をイメージしながら、どうあればＳＶとして周りから認められるようになるのかを考えることです。

3. オペレーターとの接し方

ＳＶは、コンタクトセンターで仕事するにあたって、オペレーターと毎日のようにコミュニケーションを取ることが求められます。オペレーターとの接し方について、気をつけてほしいことをいくつか挙げてご紹介したいと思います。

(1) 嘘をつかない

オペレーターから質問があった際、ＳＶが間違った回答をしてしまうこともあります。それが後で判明し、オペレーターから指摘された場合の対応が重要になってきます。完璧なＳＶはいないですし、人間だから間違いもします。だからこそ、そうした時は、オペレーターに正直に謝ればいいです。そんな姿勢をオペレーターも見ているからです。しかし、そこで自分のプライドが邪魔をしてしまい、ついつい嘘をついてしまうSVが出てきてしまいます。そういう時こそ、「ごめん、間違った」と正直に謝ればいいのです。「私は、そんなことは言っていない」「え、そんなこと言ったっけ?」など、嘘をついたり、とぼけてみたりして、その場を逃れたとしても、後でそれがバレてしまえば、信頼関係を失い、二度と質問されなくなるだけです。

(2) 率先垂範する

SVが実際にオペレーターに対して自らやって見せ、模範を示すのです。口で言うだけより、実際に見本を見せたほうが非常に説得力があります。私は、現場にいる時、率先垂範は、特に意識していました。

以前、私がマネージャーとして働いていた際、センターでこんなことがありました。SVのBさんから、クレームの二次対応について、こんなことを言われました。

「寺下さんなら、どうやって対応するんですか?」

その言葉の裏には、こんな気持ちがあるのかもしれません。

「寺下は、私のクレームの二次対応について、いろいろ厳しいフィードバックをしてくるけど、実は、寺下本人は対応できないのではないか?」

「言うのとやるのでは大きな違いがあるんですよ、寺下さん、分かります？」

質問をしてきたＳＶのＢさんの私に対する視線や言葉は厳しいものでした。そんな時、あなたなら、どう対応しますか？

次の３つから選んでみてください。

(イ) 実際にクレームの二次対応をやって、ＳＶにも対応を見せる
(ロ) あまりやりたくないけど、ＳＶから強く要望されたら、嫌々だがＳＶの前でもやってみせる
(ハ) 一度はＳＶの前でやってみたいと思うが、正直に言うと自信がないし、失敗したら嫌なので、なんだかんだ理由をつけて、結局、ＳＶの前ではやらない

あなたは、どれを選んだでしょうか？

(イ)を選んだ方：
素晴らしい！　率先垂範力がありますね！　見本を見せると説得力が増します。

(ロ)を選んだ方：
最終的にやるという気持ちが素晴らしいですね！　恥ずかしいとか、失敗したらどうしようという

気持ちに負けてはいけません。自信を持てないのは、変なプライドが邪魔をしていますし、日頃の対応不足が原因です。

(ハ)を選んだ方：

あなたの言うことをだんだん同僚のＳＶやオペレーターは信用しなくなってくる可能性があります。気をつけましょう。

あなたは、いかがでしたでしょうか。

参考程度であったとしても、自分の対応をＳＶに見せるにあたっては、当然、そのＳＶの対応レベルは超えないといけませんし、ＳＶに厳しくフィードバックしている以上は、できていて当たり前なわけです。

自分もできるだろうかと自分自身の中で何度も自問自答し、結局、対応例を見せない。そんなマネージャーをＳＶは信頼できるでしょうか。もちろん、私も絶対的な自信があるわけではありません。しかし、精一杯に行った対応は相手を腹落ちさせるものへと変化していきます。

そんなある日、私は、ＳＶのＢさんの代わりにクレームの二次対応をすることになりました。Ｂさんは、ここぞとばかりに私の対応を聞こうとして、モニタリングしていましたが、その直後からＢさんの私に対する接し方が変わりました。

そして、私が異動でその現場を離れる時、Bさんは私にこんなことを言ってきたのです。

「実は、私は以前、クレーム時に寺下さんの対応例を見せてくださいと失礼なことを言いました。失礼なことを言って、本当にすみませんでした。寺下さんが対応されているのを自分の目の前で見て、実際に自分の耳で直接聞いて、正直驚きました。今までいろいろクレームに関する研修を受けてきましたが、こうやって見本を見せてもらったことは、今までなかったと思います。こう言うのも何ですけど、とても感動しましたし、すごく納得できました」

率先垂範を実践できれば、相手の納得感は、グッと上がることになります。

(3)公平に接する

オペレーターに公平に接するとは、要するに「差別をしない」ということです。例えば、仲の良いオペレーターには質問に丁寧に答えるのに対し、そうでないオペレーターには「マニュアルに書いてあるでしょ！　それをきちんと確認して」と、同じ質問に対して、オペレーターによってその対応方法や言葉遣いを変えるSVをよく見かけます。「全員に同じレベルの対応をする」ことを忘れてはいけません。SVに対するオペレーターの不響和音は、こういうところから生まれるからです。

(4) 率直にフィードバックする

モニタリング結果を伝える時や個人目標の結果を伝える際など、ＳＶがオペレーターにフィードバックする機会は意外と多くあります。このフィードバックをいかにうまくできるかどうかで、オペレーターのその後の成長が決まってきます。なぜなら、フィードバックをされないと自分では気づかないことが結構多いからです。

そのため、オペレーターの才能を最大限に発揮させるためには、ＳＶが効果的なフィードバックをすることが非常に重要となります。効果的なフィードバックとは、オペレーターの成長を願いながら、ありのままを率直にフィードバックすることです。

なお、ＳＶの中には、オペレーターの才能を発揮させることができないＳＶもいます。それは、どんなＳＶだと思いますか?

それは……。

オペレーターの弱点のフィードバックばかりしているＳＶです。オペレーターの現在抱えている課題を指摘したり、ミスをしてしまった際には、原因追求をドンドンしてしまい、問い詰めてしまうようなＳＶです。課題やミス、失敗は目につきやすいですし、指摘もしやすいので、ついついやってしまうのです。しかし、先ほど述べた通り、率直にフィードバックすることは大事なのですが、弱点ばかりのフィードバックをされたオペレーターが、その後、すごく改善しているかというと、実はそうではありません。

どちらかというと、萎縮してしまったり、思考停止になっていたりします。実際に、私がオペレーターをやっていた時もそうでした。指摘ばかりしてくるSVには、正直、近づきたくないなと思っていました。弱点ばかりフィードバックしているSVは、オペレーターのためにと言いながら、実は結局、自分の満足感を満たすためにやっているのです。

Column

関心を持つことの大切さ

実は、オペレーターに関心を持つことがSVにとっては、とても大切です。

一流のSVは、オペレーターに対して、関心を持ちながら接しています。なぜ、オペレーターに関心を持ちながら接しているかというと、一流のSVは、関心を持って接しなければ、問題が何も見えてこないことを知っているからです。

例えば、千円札に書かれている人物は野口英世ですが、裏に描かれている絵は、何でしょうか？　千円札なんて、毎日のように触っているわけですが、なかなか答えることができなかったりします。

あなたは、さっと答えられますか？

研修などで同じ問題を出すと、「野口英世の後ろ姿」と解答した方もいますが、違います。

正解は……。

富士山と桜が描かれています。本栖湖から見える富士山と桜です。ちなみに新しい千円札が２０２４年から流通し始めますが、表は北里柴三郎で、裏には何が描かれているか、発行されたら、よく見てみてください。葛飾北斎の冨嶽三十六景が描かれています。

さあ、あなたは、今回の千円札の問題、正解できたでしょうか？

毎日のように触っていても、いざ聞かれると答えられません。なぜ、答えられないのかといえば、そう、関心がないからです。でも、今回質問されて、答えられなかったあなたは、この本を閉じた後、こっそり千円札をきっと見ると思います。本当にそうかな？　と思いながら見ると思いますが、そうすると、はっきりと物事が見えてきます。

つまり、千円札に関心を持てば、見えなかったものも見えるようになるのです。反対に関心を持たないと、いつまで経っても問題は見えてきません。ＳＶは、常日頃から関心を持つことが、実は大事なのです。

4. まとめ

第1章では、SVになったら身につけるべき心構えを学びました。心構えは、一朝一夕には身につかないので、常に意識し続けることが大切です。特にモラルは高く持ち続けることが大切です。

上長に報告、連絡、相談する時は、PREP法を使います。上長の陰口は叩かず、不満があれば提案に変えます。バッドニュースこそ、最優先で報告しましょう。

オペレーターとの接し方で、嘘をつかない、率先垂範する、公平に接する、率直にフィードバックするなどの行動は、SVとしての基礎的な行動であり、できるようになっておくことが必要です。関心を持たないと、いつまで経っても問題は見えてきません。

第 2 章

配属初日～3カ月までの過ごし方

第2章では、SVが現場に配属されることが決まってから、どのような段階で、どのような準備や行動をすべきかについて時系列に学んでいきます。

1. 配属先が決まったら

(1) 企業研究、業界研究、仕様書などのチェック

就職先、配属先がコンタクトセンターであることが決まったら、まず、その会社の概要や会社が販売している商品、サービス、その業界などについて、事前にインターネットなどで調べたり、書籍を読んだり、資料を見たりして勉強しておきます。事前の勉強が特に必要な情報は、次の4つです。

(2) 事前に学習すべき4つの情報

①「コンタクトセンター設立時の設計書」「提案書」「契約書」「仕様書」

まず、自社でコンタクトセンターを運営するインハウスの場合は、コンタクトセンターが設立された際の資料があれば、その資料に目を通します。どういう経緯で自社のコンタクトセンターが設立されることになったのかを把握するのです。一方、企業からコンタクトセンター業務を委託されている

アウトソーサーの場合は、クライアント（委託する側の企業）と締結した契約書や仕様書（コンタクトセンターの業務内容や業務範囲、目標などの情報を整理した合意文書）を取り交わしているので、それを見ておきます。また、業務委託契約の受注の際にクライアントに提出した提案書も参考になると思います。まずは、コンタクトセンターに何が求められているのかを知ることが大切です。

②「業務マニュアル・業務フロー」

次に業務内容を確認します。どんな業務でどんな手順で対応するのかなどを、マニュアルを見ながら把握します。最初は、言葉の意味や言っている内容がすべて理解できるわけではないので、そのつもりで読めばいいです。まずは、マニュアルを読んで、全体の仕事のおおよその内容をつかむことです。

③「現場情報」

体制図やオペレーターの情報やシフト状況などを事前に確認しておきます。トラブル時など、どんな指示系統になっているかや、シフトで手薄な時間帯はどこなのか、どのシフトは人が集まりやすくて、反対にどのシフトは人が集まりにくいのかなどを見ておきます。

④「データ」

センターで保管している30分〜1時間ごとの時間帯別データ、日別に取った日次データ、月ごとのデータである月次データ、曜日ごとに取った曜日別データなどを入手できる場合は、どういった傾向があるのか、目標の達成状況などを確認しておきます。また、電話の呼量やメール、チャットの受信量が時間や日、月によりどのように変化しているのかについても把握しておきます。

2. 配属前日の過ごし方

業務が実際に始まってしまうと、忙しくてバタバタしてしまい、もっと事前に準備しておけばよかったと後悔することも多々あります。気持ちに余裕を持って初日を迎えられるよう、配属初日に向けて事前に準備しておくことが必要です。初日にセンター内でオペレーターや同僚のSV、センター長など、いろいろな場面で挨拶をすることも多くなりますので、どのように挨拶するかは事前に考えておいたほうがよいでしょう。30秒〜1分間くらいの短い時間で自己紹介できるように練習もしておきます。

余裕を持って初日を迎えるために、以下のチェックを事前に行っておくとよいでしょう（図2-1：配属前日のチェックリスト）。

図2-1　配属前日のチェックリスト

前日までに目を通すべき資料

- □ 業務フロー
- □ 業務マニュアル（商品知識マニュアル、業務知識マニュアル、端末操作マニュアル）
- □ 研修スケジュール
- □ センター内ルール
- □ 各種帳票
- □ 各種管理表
- □ 業界用語集・コンタクトセンター用語集

持ち物関連

- □ 社員証
- □ セキュリティカード
- □ ノート、筆記用具、スケジュール帳など
- □ 名刺入れ、自分の名刺
- □ 印鑑

手続き関連

- □ 貸与パソコン関連（ログインIDやパスワード設定など）
- □ 貸与携帯電話関連（携帯電話の初期設定）
- □ メールの設定
- □ システム利用権限申請
- □ 入室（セキュリティカード）関連の申請書類

初日に確認するもの

- □ 出社時間・出社場所
- □ 朝礼時間
- □ 緊急の連絡先
- □ 入館方法
- □ 執務室、休憩室、トイレ、ロッカーの場所など

3. 配属初日の過ごし方

(1) センターの観察(1日の流れ)と情報収集

配属された初日は、関係者への挨拶回りや現場の見学など、現状の把握などを中心に行います。事前に準備した自己紹介コメントを基に、関係者に挨拶をしたり、名刺交換をしたりします。そして、センターの1日の流れをつかむために、センターの動きを観察します。センターの1日の流れは、時間ごとにセンター内でどんなことが起こっているのかなど気づいたことをノートやパソコンに時系列に整理してメモしておきます。

4. 配属後1週間の過ごし方

(1) センターの観察(1週間の流れ)

配属されてから1週間は、次の3つのポイントを踏まえて、業務をしながら1週間の流れを観察しつつ、覚えていきます。

①研修

オペレーター業務をイチから学ぶことから始めます。学ぶ際、受け身の姿勢ではなく、積極的に参加するようにします。近い将来、自分がオペレーターに研修することを想定し、

・どのように説明すると効果的か
・研修の時間配分はどのようにするとよいか
・どういう資料があると研修がしやすいか
・オペレーターが理解しにくい場所はどこか

などを考えながら研修を受講します。同時に、研修のどういう部分に無駄があるかや効率化できるかなども考えながら、研修を受講することです。

②1週間の現場の流れの把握

まずは、センターに慣れることが大切です。1週間の流れをパワーポイントやエクセルなどに可視化しておきます。曜日ごとや時間ごとによって業務量も異なるため、どういった業務量で現場が推移するのかを観察します。また、オペレーターごとに保有するスキルレベルが異なるため、1人ずつのオペレーターのスキルレベルを把握していきます。同僚のSVや先輩のSVがいる場合は、どういった動きをしているのかについても観察します。オペレーターがSVに質問する時のエスカレーション

対応の際も、先輩ＳＶにピッタリついて、質疑応答の様子やどんなことがエスカレーションされているのか、どういう指示や説明をしているのかを学んでおきます。ノートに取る際は、カテゴリーごとに分けて記載しておくと、後で見返した時に整理しやすいです。

③ 自分自身の目標設定と振り返り

配属後、1週間は、毎日、自分自身の目標を立てるようにします。例えば、「今日は、シフト作成と調整の方法について学ぼう」とか、「今日は、オペレーターからの質問については、マニュアルを参照しながらでも確実に回答する」など、1日ごとの目標を立てて、退社前に振り返りを行います。業務を行う際は、なぜその作業をやる必要があるのか、何の目的でやっているのかを常に確認しながら、取り組むとよいでしょう。また、あらかじめ立てた1週間のスケジュールを予定通り達成できたかどうかについても、先輩ＳＶや同僚ＳＶからのアドバイスをもらいながら振り返りをしておくとよいです。

(2) 業務の習得方法

ＳＶは『守破離』で基本姿勢を学ぶ

新人ＳＶはどうやって業務を習得していくかですが、私は新任ＳＶ研修で、必ず話をするものがあります。それが『守破離』です。あなたは、『守破離（しゅはり）』という言葉を聞いたことがあるでしょうか。守破離とは、能楽を世に広めた世阿弥の教えとも言われ、最初は基本を忠実に守り、次にそれを応用し、最後は基本の型から離れるという成長プロセスを表す言葉です。

ＳＶ業務で当てはめてみると……

・「守」：基本を学び、良いところをまず真似てみる
・「破」：基本をベースに自分流に工夫してみる
・「離」：他の真似ではなく、オリジナルなやり方でやってみる

ということになります。茶道や空手でも、最初に型を習うように、特に新人ＳＶは、まず型（基本）を覚えることが大切です。「学ぶ」という言葉の語源は、「真似る」からきています。そして、何より大切なことは、中途半端に真似るのではなく、徹底的に真似ることが重要です。私がヤフー勤務時代に、ヤフー最大規模のセンターである北九州センターを短期間で立ち上げる機会があり、サポートをしましたが、新任のＳＶに教えるべきことがたくさんある中で、一番先に教えたことがあります。それは……

1 エスカレーション時は、オペレーターの右側に回り込む
2 視線はオペレーターより下げる
3 朝一番は元気な声で挨拶し、どんな時も笑顔を絶やさない
4 オペレーターの好き嫌いをしない
5 個人情報の取り扱いには十分気をつける

この5つの基本行動を徹底的に真似るようSVに指導していました。1つずつ解説していきましょう。

1 エスカレーション時は、オペレーターの右側に回り込む

SVには、オペレーターからの質問に答える際に必ず、オペレーターの右側に立つように指導しています。その理由はこうです。心理学上、諸説ありますが、オペレーターにとって右側に立つことが、安心につながると言われています。私はこれを『立ち位置の心理』と呼んでいます。信頼できる者は、自然とその人の右側に立ちます。「彼は、センター長の右腕だ」という言葉にもある通り、信頼できる人は右側にいるのです。ちなみに、利き手の問題もありますが、オペレーターは左耳にヘッドセットのイヤホンを着けているケースが多いです。独自に調査したことがありますが、私が管理していたセンターのオペレーターの約78%、つまり8割は左側にヘッドセットの耳パッドを着けていました。右側で対応したほうが、多くのオペレーターもSVの話を聞きやすいのです。

2 視線はオペレーターより下げる

2つ目は、視線はオペレーターより下げることです。要するに腰を落として、SVにはオペレーター対応をさせています。ここでイメージしてほしいのですが、あなたがオペレーターだとします。あなたが座っている横にSVが来て、立ったまま、そして腕を組んだまま、あなたの質問に答えるのです。しかも渋い表情で。そんな時、あなたはどう思うでしょうか？　大抵のオペレーターは、怖い、または威圧的と感じます。威圧的と感じさせないようにするには、まずは、オペレーターの視線まで腰を

落とすことが大事です。視線を下げようとすると、腰を落とさざるを得ないわけですが、そうなると自然と跪くようになる。だからSVは、ズボンの膝の部分がすぐ擦り切れます。面白いことに、センターを訪問すると、「寺下さん、またズボンを買い替えましたよ」とSVが笑って言ってくることがあります。どこかに偉そうな気持ちを持っていると、自然と言動に現れるのです。

3 朝一番は元気な声で挨拶し、どんな時も笑顔を絶やさない

3つ目は、朝の元気な挨拶です。朝の元気な挨拶は、とても大切です。なぜなら、SVの挨拶や表情ひとつで、オペレーターの1日の業務の流れやセンターの雰囲気を変えてしまうからです。見ていると、SVがセンターの執務室に入って来た際、何事もなく、そっと自分の席に座る人も多いです。挨拶なんて、今さらと思われるかもしれませんが、大事なことです。そして、あなたの周りのSVを見回してみてください。笑顔で仕事をしていますか？　眉間に皺を寄せて、シフト表と格闘していないでしょうか。オペレーターには、机の上に鏡を置いたりして、笑顔で対応するよう指導する割に、指導するSVが笑顔でないのです。SVは時にして、重クレーム対応や残業などで、笑顔でいられないケースもあります。しかし、そういう時こそ笑顔で対応すると、オペレーターは何より安心するのです。

4 オペレーターの好き嫌いをしない

SVも人間ですし、オペレーターとの相性もあります。しかし、それをセンター内で目に見えるよ

うな形で、オペレーターに見せると、オペレーターから不信感が生まれます。
例えば、ＳＶと仲の良いオペレーターがミスをしてもそれほど注意を受けないのに、それほど仲の良くないオペレーターには厳しく指摘したりすると、「あの人には優しいのに、私には厳しいのはなぜ？」といった不満が爆発します。オペレーターは、公平感にはとても敏感なのです。相性が良かろうが悪かろうが、基本的には分け隔てなく接する必要があります。

そうは言っても、ＳＶもこれまでの付き合いなどもあり、オペレーターからＳＶに昇格した場合は、特に仲の良かったオペレーターに急に距離を置いた、よそよそしい態度はできなかったりします。しかし、ＳＶになった以上は、これまでのオペレーター同士での付き合いではなく、ＳＶとしての役割を発揮して、オペレーターとの接し方を徐々に見直す必要があるのです。

5 個人情報の取り扱いには十分気をつける

お客様の個人情報の取り扱いについては、気をつける必要があります。コンタクトセンターでは、お客様の名前、住所、電話番号、センターによっては、銀行の口座番号やクレジットカード番号など、お客様にとって重要な情報を保有しています。場合によっては、芸能人など有名人の情報も取り扱ったりすることもあります。その際、ちょっとくらいいいか、という気持ちで、お客様情報を扱っていると、個人情報の漏洩事件が起こってしまいます。個人情報の漏洩は、一度起こってしまうとリカバリーが本当に大変ですし、何よりお客様からの信頼を著しく損ねてしまいます。場合によっては、会社の存続ができないくらいの危機的状況に陥ることもあります。私は、現場でそうした危機を何度か経験してきましたが、本当に大変でしたし、二度と経験したくないと思っていました。そうならないように、新人ＳＶの段階から重要な情報を取り扱っているという意識を常に持っておくことです。

(3) 過去の報告書やデータの確認

過去にセンターで作成された日次報告書、週次報告書、月次報告書に目を通しておきます。センターでは、日々いろいろな問題が起こりますし、季節特有の問題もあります。少なくとも最低3カ月以上、できれば1年分の報告書には目を通しておき、センターで何が起き、どう対処したのかを自分の頭の中で理解しておくことです。データについても同じです。過去分のデータは必ず見て、傾向をつかむことです。午前中は呼量が集中しているとか、夕方3時過ぎに繁忙時間帯がやってくるなどの傾向をつかむのです。時間帯や曜日、月ごとの傾向があると思いますので、それらのデータを見ると、センターの傾向や問題点などを発見することができます。まずは、データを眺めるところからスタートしてみてください。

5. 配属1カ月が経過したら

配属から1カ月が経過したら、そろそろ業務内容やセンターの全体像が理解できてくる頃かと思いますので、本格的にSVとしての稼働を始めていきます。

(1) オペレーターとの1on1

まずは、オペレーターとの1on1を実施していきます。1on1をやる目的は、オペレーターのことをこれまで以上によく理解し、センターの問題を発見することです。1on1のやり方の手順は、こちらの通りです(**図2-2：1on1の基本手順**)。まず、1on1とは何かですが、SVとオペレーターとの1対1で行う定期的な対話のことを意味します。私が以前勤務していたヤフーでは、どこの場所でやってもいいのですが、毎週1回30分、SVがオペレーターとの1on1を実施するというルールになっています。

1on1について説明すると、「それって面談では?」と思われるかもしれません。よくコンタクトセンターでは、更新面談が行われます。それは、オペレーターの雇用形態が有期雇用であることが非常に多いからです。正社員、つまり無期雇用への切り替えも以前に比べれば増えてきましたが、まだ有期雇用も数多く存在していますし、アルバイト的な位置づけのオペレーターもたくさんいます。そのため、契約期間を更新するかどうかの面

図2-2　1on1の基本手順

1	スケジュール策定	日程調整や会議室の調整を行う
2	データ準備	個人別のデータをダウンロードして分析する
3	呼び出し	オペレーターに声を掛ける
4	アイスブレイク	感謝や労いの言葉を伝える
5	状況確認	オペレーターの話を質問をしながら傾聴する
6	フィードバック	率直にフィードバックする
7	目標設定	今後のアクションプランを立てる
8	激励	必要な支援を確認し、激励して終える

談が行われるわけですが、1on1は面談ではありません。1on1は、良い悪いのジャッジ、つまり判断をしないものだからです。したがって、稼働1カ月後の1on1では、オペレーターの状況や困っていることを一生懸命に聞くことにフォーカスします。そのため、SV稼働1カ月に行う1on1では、特に傾聴することに重点を置いて実施します。単にオペレーターの話を聞くのではありません。質問したり、メモを取ったりするなど、積極的に聴いているという姿勢が大切です。まずは、配属されて1カ月が経ったら、できれば全員のオペレーターと一度、1on1をしてみるとよいでしょう。

まず、1on1をする際には、事前に計画を立てることから始めます。オペレーターと1on1をする日時を決め、「現在の仕事の状況」「仕事で困っていることがないか」など話すテーマや質問も事前に準備しておきます。オペレーターにあらかじめテーマを伝えておけば、オペレーター側でも話す準備ができ、安心して1on1に参加することができます。

1on1の当日、場所は休憩室などオープンなスペースでも問題はありません。ただ、オペレーターが話しにくい内容の場合には、会議室などで実施したほうがよいです。そして、着席時は、できるだけオペレーターの斜め前に座るようにします。なぜ、斜め前がいいかというと、正面は対決姿勢になってしまい、よくないからです。そのため、少し斜め前に座るようにします。

オペレーターとの会話の冒頭は、いきなり本題から入ってはいけません。最近のニュースや今日の天気など、本題とは関係ない話をして、緊張感を和らげます。「先日、残業に協力していただき、ありがとうございます」「繁忙期お疲れ様でした」「いつも、集まりにくいシフトに入ってもらって、ありがとうございます」などの労いの言葉からスタートできるとよいです。

そして、話が本題に入ったら、オペレーターに最近の仕事の様子や仕事で困っていることについて、質問をしていきます。話を聞きつつ、メモに取っていきます。メモは、ノートで取るとよいです。パソコンでメモを取る人もいますが、あまりオススメできません。私は、昔、オペレーターの話を聞きながらパソコンにメモをしていたのですが、途中でメールが気になってしまい、メールを開いたところで、オペレーターにたまたまパソコンの画面を見られてしまい、"内職"がバレたことがあります。当然のことながら、オペレーターからの信頼を失うことになったわけですが、あの時のオペレーターからの冷たい目、今でも忘れられません。それ以降は、話を聞きながら他の作業、いわゆる"内職"をしないよう、集中して話を聴くため、パソコンではなく、必ずノートにメモを取るようにしています。オペレーターに質問した際、なかなか回答がなくても、黙って待つことです。すぐSVは、自分から話し掛けてしまいがちですが、オペレーターは考えているのです。沈黙に負けてはいけません。そして、オペレーターに私が協力できることは何かないかを聞きます。実際、この質問をすると、オペレーターは頑張ろうという気持ちになります。そして最後に、「センターでこれからも一緒に頑張っていこうね」といった激励の言葉を掛けて1on1を終了します。

(2) コスト計算

配属後1カ月が経過したら、センターでかかっているコストについて、ざっくりした数値で構わないので、感覚をつかむようにします。コンタクトセンターでかかる経費には、毎月一定額がかかる固定費（ＳＶやオペレーターの人件費、システム利用料、オフィス賃貸料、水道光熱費など）や、月によって金額が異なる変動費（通信費や募集広告費、教育研修費など）がありますので、何にどれくらいのお金がかかっているのかを把握します。把握する際は、関連資料があれば、それに目を通すことにして、分からない場合は、センター長やマネージャーに質問してみるとよいでしょう。

(3) データの分析

続いて、データの分析です。自分でデータを出力できるなら、レポート集計システムからデータをダウンロードして、エクセルに落として、データの分析をしていきます。自分でデータを出力できない場合は、担当者にお願いして、データをもらうようにします。

データをダウンロード、またはもらったら、まず、やっていただきたいのが、月別、日別、曜日別、時間帯別のデータに自分で加工し直すことです。他のＳＶがまとめた月別、日別、曜日別、時間帯別データが既にあって、それを容易に入手できる立場であったとしても、自分の手でデータを加工することです。月別、日別、曜日別、時間帯別に加工したら、グラフなどを作成しながら自分なりに分析して、データを眺めてみます。応答率が極端に悪くなっていたり、後処理時間が突出して長くなっているところなど、異常値をまずは発見するようにしてみてください。異常値の探し方は次の通りです（**図２‐３：異常値の発見方法**）。異常値からセンターの課題を考えるきっかけをつかむことです。

図2-3　異常値の発見方法

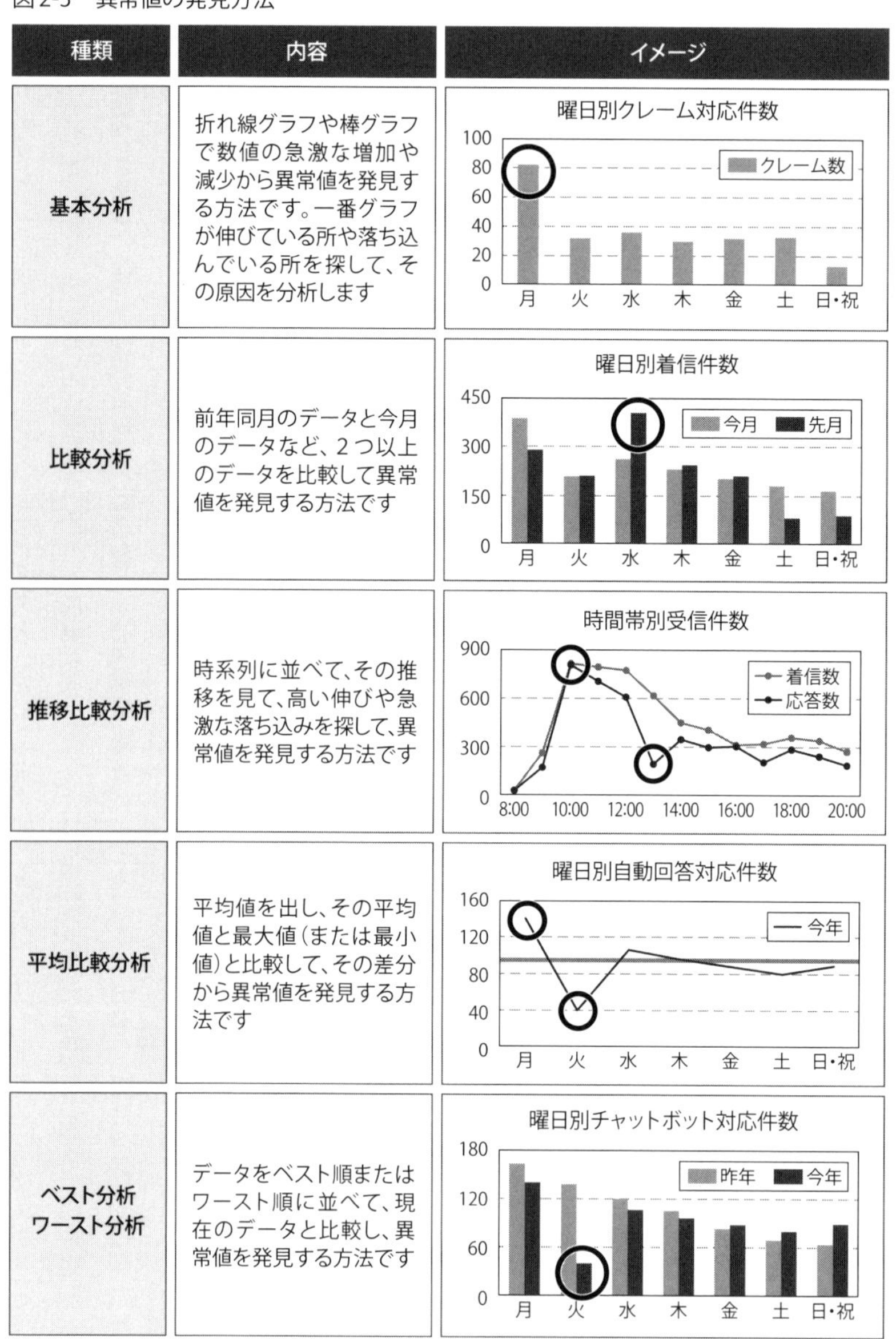

種類	内容	イメージ
基本分析	折れ線グラフや棒グラフで数値の急激な増加や減少から異常値を発見する方法です。一番グラフが伸びている所や落ち込んでいる所を探して、その原因を分析します	曜日別クレーム対応件数
比較分析	前年同月のデータと今月のデータなど、2つ以上のデータを比較して異常値を発見する方法です	曜日別着信件数
推移比較分析	時系列に並べて、その推移を見て、高い伸びや急激な落ち込みを探して、異常値を発見する方法です	時間帯別受信件数
平均比較分析	平均値を出し、その平均値と最大値（または最小値）と比較して、その差分から異常値を発見する方法です	曜日別自動回答対応件数
ベスト分析 ワースト分析	データをベスト順またはワースト順に並べて、現在のデータと比較し、異常値を発見する方法です	曜日別チャットボット対応件数

6. 配属3カ月が経過したら

配属されてから3カ月が経過したら、本格的にセンターに潜む問題点を発見したり、業務改善をしたりするステージに移行していきます。

(1) 問題点の発見

3カ月もSVとして仕事をしていれば、そろそろ、センター内で発生している問題点に気づき、それに対処するなどしていく必要があります。あれ？　これはおかしいなとか、もっとこうしたらよいのにと思えることが出てきます。よく、私はコンタクトセンター長から、「うちのSVは、問題発見ができないんですけど、どうしたらいいですか？」と質問されたり、相談を受けたりします。問題発見ができないSVが実に多いのです。

では、そもそも問題とは何でしょうか。問題とは、あるべき姿と現状とのギャップです。コンタクトセンターで考えてみましょう。例えば、あるセンターの後処理時間の目標が3分だったとしましょう。しかし現状は、4分30秒だったとすると、問題はゴールと現状とのギャップなので、1分30秒余計にかかっているということが問題になります。問題が発見できれば、解決するための施策を講じることができます。

一方、ゴールが明確でない問題も事実、センター内では存在します。その場合、どうすればいいのかを説明します。例えば、従業員満足度が下がっていて、オペレーターの退職者が相次いでいるセンターがあるとしましょう。しかし、従業員満足度や退職者数に関する目標は、センターでは現状設定されていないとします。この場合、どうすれば問題を発見できるでしょうか？

問題とは、ゴールと現状のギャップでした。しかし、肝心のゴールが明確でないわけです。その場合、どうするかというと……この場合は、とりあえずのゴール、つまり暫定のゴールを設定すればOKです。えっ、ゴールって、とりあえずでいいの？　と思われるかもしれませんが、はい、いいのです。ただし、ゴール設定の際は、誰が（主体）、いつまでに（期限）、どういう状態（数値化）にするのかは明確にする必要があります。

まずは、暫定の目標を設定することで、問題を発見することができるようになります。もし、ここで目標を設定しないとなれば、問題すら発見できず、解決もできないのです。

昔、私がいたセンターで問題が多発している現場がありました。

私は当時、そのセンターのマネージャーでした。応答率が目標に全然未達とか、必要人員数を確保できていないとか、オペレーターが誤案内をするなど、問題が多発しているセンターだったので、センター長からミーティングの度に、「どうするの？　この問題」とマネージャー就任早々から問い詰められることがしばしばでした。

そこで、私はどうしたかというと……とりあえずの暫定の目標を設定して、早速、問題を明確にしました。問題を引き起こしている原因を分析し、業務改善活動を回すことにしました。ゴールが設定できれば、現場とのギャップを洗い出すことができます。2週間トライアルでやって、結果を出して、次の新しい施策を計画し、実行するというやり方で実践しました。

これを繰り返すこと3カ月。

ようやくセンターで起こっていた問題をすべて解決することができ、運営が軌道に乗りました。センター長も「よくここまでやった」と満足してくれて、しっかり結果を出すことができました。まずは、問題発見からやってみることです。

(2) 業務改善の提案

私がコンタクトセンターのコンサルティングで、よくお願いされるのが、業務改善です。

「現場がうまく回っていない」
「人がなかなか採用できない」
「目標未達の状態が続いている」
「いろいろ手を打っているのに人がどんどん辞めていく」

「センターを運営しているけど、赤字運営になっている」
「チャットボットを入れたけど、あまりうまくいっていない」
「SVの残業が全然減らない」

と、問題がある程度、明確なものもありますが、「どう改善していけばよいのか分からない」ような、明確でないものもあります。ここから業務改善は、スタートします。

業務改善とは、業務のフローや業務内容を見直し、より良い状態のセンターにすることです。具体的には、無駄をなくして、業務の効率化を図り、ひいては無駄なコストの削減を実現することです。もっと簡単に言うと、仕事のやりにくさを取り去って、みんながハッピーになるようにしていくことです。

SVがセンター内の業務改善をする場合、どこにスポットを当てるかが重要になります。なぜなら、業務改善の対象範囲は、コンタクトセンターにおいては、非常に広いからです。そのため、1件あたりの対応時間や業務の流れ、かかっているコストなど、何の業務改善を行うのかをまず明確にすることから始めます。

では、何を改善するかが明確になった後、どのように業務改善を進めていけばよいでしょうか？
まずは、業務を見える化、つまり可視化することです。現場に入ると業務がブラックボックスになっていたり、属人化していたりして、業務がまったく可視化されていないことがあります。業務がすべて人に紐づいており、その人が辞めてしまえば、すべて分からない状態と言っていいでしょう。

あなたのセンターでも心当たりがあるのではないでしょうか。この業務は○○さんしか知らないとか、そういう業務です。業務がどういう感じで流れているのか、どんな業務を実際にやっているのか、把握しないと業務を改善することなんてできません。

そのため、パワーポイントやエクセルを使って、スキルやデイリー業務を可視化していきます（**図2-4：スキルや業務の可視化**）。フロー図は、エクセルで作る人が多いですが、私はマニュアルも含め、パワーポイントで作成することが望ましいと思っています。

実際の業務をやっているのを観察したり、ヒアリングしたりしながら、フロー図やマニュアルを作成していきます。作成したら、漏れがないかを関係者にチェックしてもらい、確認していきます。それが終われば、次に問題の洗い出しです。業務を見ていくと、必ず無駄が発生している部分がありす。こうやればいいのに、なんでこんなことやっているの？　と思える部分です。

あるべき姿をイメージしながら、どうなったらこのセンターにとって一番いいかを考えながら、業務を見ていきます。遠回りするような流れで仕事をしていたり、無駄に二重三重のチェックをしてい

図2-4　スキルや業務の可視化①

オペレーター	半年間有効 次回更新日：20XX年4月
会社名／氏名	クリエイトキャリア　山田太郎
所属部署	○○センター
交付日	20XX/10/1

	業務						システム					管理		
上級レベル														
中級レベル														
初級レベル	●		●	●	●	●					●			
業務の種類	返金	解約	当日入金	入金不明	本人確認	クレカ登録	名義変更	アカウント作成	アカウント削除	チャット	メール	リーダー	ASV	SV

図2-4　スキルや業務の可視化②

デイリーチェック表				20XX/12/24
時　間	内　容	業　務	ツール	担当者
業務開始（8：50～12：00）				
8：50	□電話オペレーター朝礼	電話担当オペレーターの朝礼で、周知事項などを伝達	朝礼ファイル	朝礼担当SV
	□FAX担当オペレーター朝礼	FAX入力（前日15時～18時に受け付けたFAX）を開始指示	PC／FAX（前日15時～18時に受け付けたFAX分）	FAX担当SV
	□朝礼事項の掲示板展開	掲示板に当日分の朝礼事項を入力して、全スタッフに展開	朝礼ファイル／PC	朝礼担当SV
9：00	□コールセンター受付開始	コールセンターで受付を開始	PC／コールセンターシステム／ヘッドセット／メモ帳	○○SV
10：00	小休憩開始	オペレーターのAチーム→Bチーム→Cチームの順で出すよう指示（ローテーション）	シフト表	シフト担当SV
11：30	ランチ休憩指示開始	オペレーターのBチーム→Cチーム→Aチームの順で出すよう指示（ローテーション）	シフト表	シフト担当SV
業務中（12：00）				
12：00	□電話オペレーター昼礼	9時～12時までに当日作業分のFAXが全てプリントアウトされているか、担当者BOXに投函されているかを確認	朝礼ファイル	昼礼担当SV
12：00	□FAX入力（当日午前9時～12時分）	9時～12時までに当日作業分のFAXを確認し、システム入力	PC／FAX／プリンター／仕分けBOX	FAX担当SV
業務中（15：00）				
15：00	□FAX出力	12時～15時までに受け付けされた翌日作業分をプリントアウトして、仕訳棚に整理	PC／日曜作業分のFAX／プリンター	FAX担当SV
15：30	□SVミーティング（月曜）	SVの定例ミーティングを開始（朝礼担当SVは居残り）	PC／議事録／週次報告書	センター長
	□小休憩開始	オペレーターのCチーム→Aチーム→Bチームの順で出すよう指示（ローテーション）	シフト表	シフト担当SV
業務終了後（18：00～）				
18：00	□コールセンター受付終了	コールセンターでの受付を終了	PC／コールセンターシステム／ヘッドセット／メモ帳	シフト担当SV
	□日報作成	当日分の報告書を作成	集計レポートシステム／PC	シフト担当SV

たり、この作業は本当に意味がある？　と思える部分を探していくのです。

その際、４つのキーワードを念頭に置きながら、業務を見ていくとよいです。それがＥＣＲＳ（イクルス）です。これは英語の頭文字をとった造語です。

排除（Eliminate）：業務をなくすことができないか？
（例）紙で印刷していたマニュアルを電子マニュアルにする。２回やっていたチェックを１回減らす。ＩＶＲを思い切ってやめる。

結合（Combine）：業務を１つにまとめることはできないか？
（例）インバウンド（受電）とアウトバウンド（架電）のチームを一緒にさせて、繁忙に合わせて臨機応変に対応させる。バラバラなシステムを１つのシステムに統合する。

順序入れ替え（Rearrange）：業務の順番を入れ替えることで、効率が向上しないか？
（例）Ａ↓Ｂ↓Ｃの順番でやっていた作業をＡ↓Ｃ↓Ｂの順序に変えてみる。

簡素化（Simplify）：業務をより単純化、簡易化できないか？
（例）メールの回答文章をテンプレート化する。後処理の入力項目をシンプルにする。

やるべきことが決まったら、あとは優先順位をつけて、実行するのみです。

１人でできることは、さっさとやればいいですが、周りの人の協力が必要な場合は、周りの人をやる気にさせる必要があります。実は、ここが一番難しいと感じています。このため、私は、実行したら目に見えるような、ちょっとした変化が出るものを最初にやったりして、周りの人がやる気になるきっかけをあえて作ったりしていました。

ちょっとした変化が見えてくると、この人の言うことを信じてやれば、今は大変でも、この先、業務が楽になるかもと感じてもらえるようになるからです。そうなれば、しめたものです。具体的なスケジュールを立てて、あとは粛々と進めていきます。

１つの施策を実行したら、２週間後に検証、関係者への報告をしていくようにします。

私は経験上、新しい施策は、２週間１サイクルがいい間隔だと思っています。

２週間経ったら、また新しい施策を実行していくのです。実行済みの施策をやりながら、新しい施策にチャレンジしていくので結構大変ですが、実行した成果が早い段階で見えてくるようになるので、この頻度はオススメです。

7. まとめ

第2章では、SVの配属初日から3カ月後までを見てきました。最初はセンターに慣れることから始め、徐々にSVとして本格的に稼働するようになり、成果も求められるようになります。

マネージャーやセンター長も最初は、SVとして即稼動できなくても問題ないと思っていることがほとんどですが、時間が経つにつれ、SVとしてのスキルを如何なく発揮してほしいと思ってくるようになります。オペレーションをやっていく中で、いろいろな問題に気づく場面があると思いますが、それは改善のチャンスです。

Column

SVの仕事に対する姿勢をオペレーターは見ている

私がSVをやっていた時、あるオペレーターからこんなことを言われたことがあります。

「寺下さん、業務をやったことない人に言われても説得力ないんですよね。一度、業務をやってみたらどうですか?」

それは、新しい業務を今の業務とは別に、新規にオペレーターにお願いしなければならない時に言われた言葉でした。正直、ショックでした。

　確かにSVは、オペレーター業務をすべて経験できるわけではありません。SVは、そういう役割でもないからです。オペレーターに私たちの業務を実際にやってみろと言われると、変なプライドが邪魔をします。
・オペレーターみたいにスムーズに応対できないのではないか。
・モニタリングでオペレーターを指導している自分が一番できていないのではないか。
・実際にできなかったら、オペレーターにバカにされるのではないか。
・クレームに発展させたら、どうしよう。
など、いろいろ考えてしまいます。


　そして、私は、ある1つの確信を持って、その後、仕事をすることにしました。

　月日が経ち……。


　私はヤフーに入った時、再度、オペレーターから始めることにしました。面接でも役員から何度も聞かれました。

「これまで、大型センターのマネージャーなど数多くご経験されているのに、あなた、本当に電話を取るの?」と。10回以上は、聞かれたと思います。

「はい、電話を取ります」

そう、笑顔で答えました。

久しぶりでしたが、電話対応もメール対応もしました。クレーム対応もやりました。1人のオペレーターとして対応することで、いろいろと気づかされました。やってみて、やっぱりオペレーター業務は難しいなと思いましたし、改めて、毎日やっているオペレーターの方はすごいなと思いました。そして、SVやマネージャーのあるべき姿も今まで以上にはっきりと見えました。

そして分かったのです。数年前にオペレーターから言われた言葉の意味が。その時に持った確信が間違っていなかったことを。

それは……。

オペレーターも、実は分かっているのです。SVが対応できないことは。だから、それを分かって言ってきているのです。経験してみてくださいと。意地悪で言っているわけでもないのです。そういう人もまれにいるかもしれませんが、多くの人は違うのです。

SVが本気で知ろうとしているか、その姿勢を見ているのです。本気でオペレーターのことを、業務のことを知ろうとしているのかを問われているのかもしれません。知ろうとしないまま、目標やビジョンを伝えても、その意図を汲んでくれたり、共感してくれるオペレーターは、ほとんどいないと思います。

そのため、あの言葉をオペレーターに言われてから、私がセンターのマネージャーでいた時は、ＳＶにもたまにお客様対応をさせることにしました。私がＳＶにお客様対応をするように告げると、基本、拒否。というか、断固拒否。

「えー、寺下さん、まじですか!?」と必ず言います。

「はい、まじやねん」と言って、やってもらいます。

ＳＶのお客様対応をサポートしてくれるオペレーターには、

「ごめんね、○○さんみたいに△△ＳＶが上手に対応できないかもしれないけど、よろしくね！」

そう言うと、オペレーターは、

「大丈夫です。しっかりサポートしますから」と笑顔で答えてくれました。

ＳＶがオペレーター業務をやっている様子を見ていましたが、なかなか苦戦していました。オペレーターに電話対応をやってもらうのと、自ら電話対応をやるのでは大違いなのです。

その後のオペレーターの様子を見てみると、ここぞとばかりに何だか自慢気にＳＶを指導していました。

　その頃からだったように思います。ＳＶとオペレーターの関係が良くなっていったのは。そして、オペレーターたちも口々にこういうことを言うようになったのです。

「ＳＶは、私たちのことを理解してくれている」と。


　怖いかもしれないけれど、あなたも一度、オペレーターの経験をしてみると、新たな発見があるかもしれません。本気でオペレーターのことを知ろうとする姿勢、これはＳＶが今後も大事にしていかなければならないものだと思います。

第 3 章

SVが身につけるべきスキル

第3章では、SVが身につけるべきスキルについて、学んでいきます。SVがコンタクトセンターを運営していくにあたって、どんなスキルを身につけていけばよいのかを把握し、不足しているスキルについては、今後の学習計画を立てます。

1. SVが身につけるべき幅広いスキル

SVが身につけるべきスキルは、実に多岐にわたります(**図3-1：SVに必要なスキル一覧**)。全部をマスターする必要はありませんが、最低限、身につけておくべきスキルというものは存在します。ここでは、SVとして稼働するために必要なスキルについて、説明していきたいと思います。

(1) 習得機会がないビジネス基礎スキル

コンタクトセンターにおけるSV育成で、一番大きな問題は、SVに登用された人のほとんどがビジネス基礎スキルを教えられていないことです。通常、企業に就職すれば、1週間ほど会社の独自のルールなど、いわゆる社内でのお作法や一般的なビジネス基礎スキル、例えば、ビジネスマナーや仕事の進め方、タイムマネジメント、コミュニケーション、ロジカルシンキング、問題解決、プレゼンテーション、ファシリテーションなど基礎的な研修などを学びますが、コンタクトセンターの場合、そうしたことを学ぶ機会が与えられていないのが実態です。また、SVは優秀なオペレーターから登用さ

図3-1　SVに必要なスキル一覧

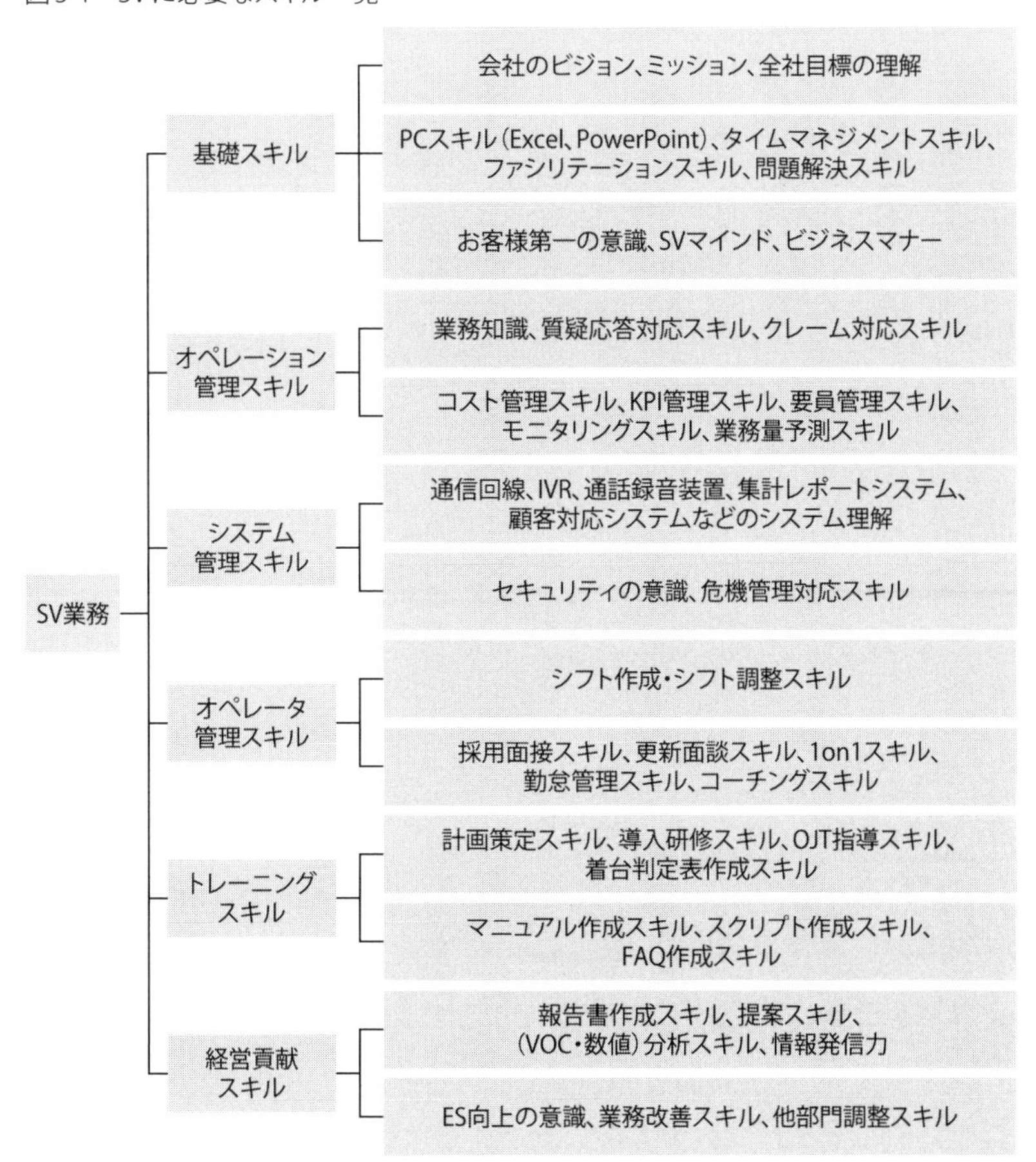

れることがほとんどのため、コンタクトセンターではクレーム対応、モニタリング、ＫＰＩ管理、業務量予測など、コンタクトセンター特有のスキルは教えられても、ビジネス基礎スキルは教えられたりすることはないのです。その結果、ビジネス基礎スキルの教育を受けてないことから応用が利かず、コンタクトセンターから他部署への異動もなかなか実現できない原因の１つにもなっています。

SVに必要なビジネス基礎スキルのポイントだけをお伝えしたいと思います。

●ロジカルシンキング

お客様やセンター長と話をする時、ロジカルシンキングの手法で話ができないと、相手に伝えたいことを伝えられないばかりか、理解してもらうことができません。

では、早速問題です。ロジカルシンキングとは何でしょうか？

「えーと、論理的思考です」とほとんどのSVは答えます。

さらに問題です。「では、論理的思考とは、どういうことですか？」と聞くと、SVは途端に口を閉ざします。また、「論理的な思考です」と、ほとんど答えになっていない答えを言ってきたりします。

論理的思考とは、矛盾のない理屈の通った思考方法です。もっと端的に言うと、「相手に〝？〟と思われない考え方、伝え方」です。では、ロジカルシンキングで話ができるようになるには、どうすればよいかというと、結論と理由をワンセットで話すようにすればいいです。論理の「論」とは結論の論であり、論理の「理」とは、理由の理だからです。結論を根拠づける理由が、誰が見ても納得できる内容であればいいのです。

●問題解決

問題解決思考を身につけたいと思っているSVはたくさんいますが、9割以上のSVは、問題解決スキルを持っていません。学校の授業でも、問題解決の方法は教えてもらえませんし、上司や先輩からも、正しい問題解決の手法は教えてもらえてないのではないでしょうか。しかし、コンタクトセンターでは、オペレーターによる誤案内だったり、新人オペレーターの突然の退職、シフトが埋まらないなど、ほぼ毎日のように問題に直面することになります。

では、早速、問題解決スキルがあるかないかが分かるクイズをやってみましょう。あなたの同僚のＳＶのＷさんが、「頭が痛い」と言っています。あなたは、Ｗさんに第一声で、どんな言葉をかけるでしょうか。

「薬を飲んだら？」「病院行ったら？」という解決策が出てきた人は、実は問題解決スキルがありません。つい、そういう答えを考えてしまった人は、問題解決スキルがないのかと落ち込んでしまうかもしれませんが、気にする必要はありません。９割以上の人は、問題解決スキルはないのです。いま、問題解決スキルがないことに気づくことがもっと重要です。問題は、問題を引き起こす原因があり、原因により講じるべき解決策は異なるのです。先ほどの例で言えば、頭が痛い問題には、必ず頭痛を引き起こしている原因(元々、頭痛持ちだったり、上司に怒られて頭が痛いのかもしれないし、風邪を引いて頭が痛いのかもしれない)があり、原因に応じて解決策が違うのです。つまり、風邪を引いたのなら、病院に行ったり、風邪薬を飲めばいいですし、上司に怒られて頭が痛いのであれば、同僚に愚痴を聞いてもらったりすればいいわけです。ＳＶは、問題に直面するとすぐ解決策に飛びついてしまいますので、原因を考えられるようになることが必要です。

図3-2　緊急度と重要度

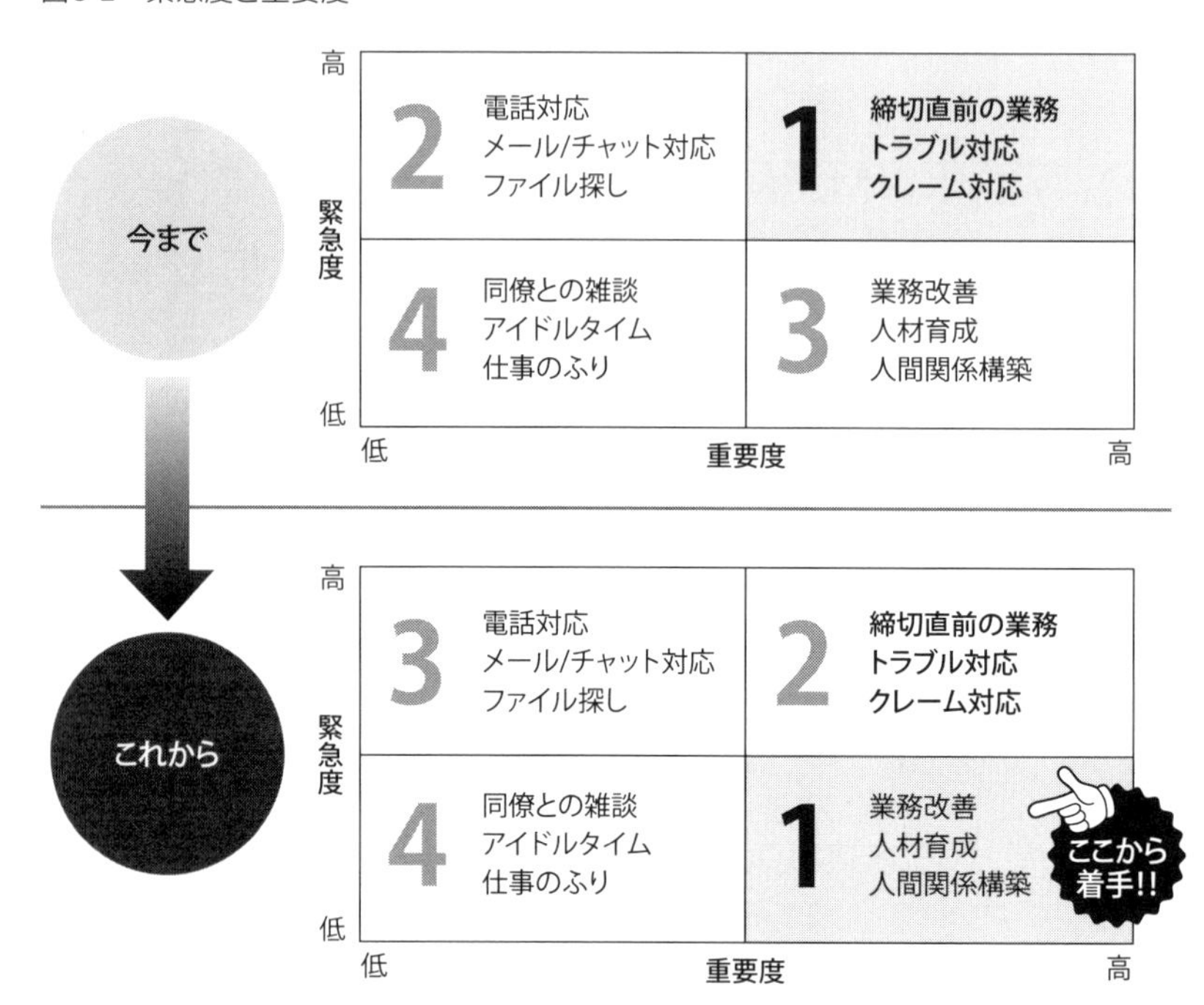

●タイムマネジメント

ＳＶになると、オペレーターの質問対応だけでなく、モニタリングや会議への参加、新人への研修など、業務が増え、忙しくなります。そこで必要となるのは、仕事の優先順位づけです。多くのＳＶは、緊急度が高く、重要度の高い業務から手をつけ始めます。しかし、大事なことは、緊急度が低く、重要度の高い仕事から着手することです。なぜなら、重要度が高く、緊急度が低い案件を放置するから緊急度が上がっていくのです。そうなると、ＳＶは「あー忙しい、忙しい」と口にするようになります。集中すべきは、重要度が高く、緊急度が低い案件なのです（**図３－２：緊急度と重要度**）。

●ファシリテーション

ＳＶは、会議やミーティングで司会をす

ることがあります。その際、必要となるのが、ファシリテーションスキルです。ファシリテーションとは、会議やミーティングでのコミュニケーションを円滑に進め、効果的な意思決定や問題解決を支援するスキルのことで、一言で言うと、「促進すること」です。具体的には、意見を引き出し、それをまとめ、最終的に成果を出すことを意味します。ファシリテーションスキルを身につけるには、次のＯＡＲＲ（オール）を実践するとよいです。

目標・ゴール（Outcome）

会議を始める前に目標やゴールを設定します。ホワイトボードなどにゴールを書いておくと、議論が変な方向に行かずに済むのでオススメです。

（例）会議終了までに来月から実施するモニタリングチェック項目の修正案についてＳＶ全員が合意する。

議題・スケジュール（Agenda）

例えば1時間のミーティングの場合、冒頭5分で各自の近況を話し、その次の10分で××について話すなど、１時間をどう進めていくかを含めて、スケジュールを決めておきます。

役割（Role）

誰が議事録を書くのかとか、○○業務はＳＶのＡさんが担当するといった役割を決めていきます。

ルール（Rule）

最後にルールです。「発言は1人3分以内」「資料は事前にメールで共有する」「議事録は、会議後メールで関係者に配信する」といったルールを決めておくことです。

こうした4つのことを意識するだけで、ファシリテーションをスムーズに行うことができます。

今後はＳＶにも、先ほど列挙したようなビジネス基礎スキルを身につけるため、自己研鑽をしたり、社内外での研修によるスキル習得の支援が必要となります。特にＳＶに必要なビジネス基礎スキルは、問題解決、人材育成、資料作成を含むプレゼンテーションスキルです。これらのスキルがないＳＶは、スキルを身につけるために、ビジネス書を読んだり、セミナーに参加するなどの自己研鑽から始めてみましょう。

(2) 専門スキル

クレーム対応、モニタリング、マニュアル作成など、ＳＶに必要とされる専門スキルが多岐にわたってあります。この内容については、第4章以降で詳細を述べていきます。

(3) セルフチェック：現在の自分の強み弱みを知る

自分がＳＶとして、どれくらいのレベルかというのは、意外とよく分かりません。早速、正直ベースで、セルフチェックをしてみましょう。当てはまるものにチェックをしてみてください。

●**基本編**

□会社とセンターのそれぞれのビジョン、ミッションを言うことができ、自分の言葉で説明できる。
□ワードを使って会議の議事録を作成し、会議開催時は、終了後に即配信している。
□エクセルを使って、四則演算やSUM関数、IF関数、AVERAGE関数、COUNTIF関数、ピボットテーブル、VLOOKUP関数のすべてを使いこなせる。
□パワーポイントを使って、報告書や提案書、企画書を作成できる。
□MECEやSWOT分析など問題解決のフレームワークを3つ以上知っている。

●**オペレーション管理編**

□オペレーター1人につき、1カ月~3カ月に1回以上、リアルタイムでモニタリングを実施し、オペレーターにフィードバックをしている。
□モニタリングの評価基準をオペレーターに公開し、事前に説明している。
□オペレーターのスキルやKPIを可視化している。
□所属チームメンバーの数値(例えば、後処理時間の平均値やメンバーの平均対応件数)を把握している。
□業務量予測を行っており、実績値との乖離について毎回分析している。

●システム管理編

□ＩＮＳ１５００が1本につき電話何回線分か知っている。

□集計レポートシステムや通話録音装置の仕組みを理解しており、自分で操作することができる。

□自社がどのようなコンタクトセンターシステムを使っているか説明できる（ＡＩやチャットボットを含む）。

□サーバーダウンなどが発生した際のシステム復旧方法や緊急連絡体制を作成しており、発生時に対応できる。

□アーランＣが何を算出する計算式かを知っている。

●オペレーター管理編

□コンタクトセンター業界内のベストプラクティスの数値（モニタリングの実施頻度など）を３つ以上把握している。

□1カ月に、1人につき1回以上、定期的にオペレーターの面談を実施している（契約更新面談以外）。

□常にオペレーターが仕事をしやすいような職場環境になるよう、1カ月に1つ以上は、企画提案したり、改善をしている。

□遅刻や無断欠勤など勤怠が悪かったり、センター内ルールを守れないオペレーターについては、その都度、個別に指導している。

□自分の後進候補を見つけ、育成している。

●トレーニング編

□新人のオペレーターがデビューできるかどうかを判定する着台判定表が作成できる。
□マニュアルやトークスクリプト作成の基本ルールを理解している。
□3カ月に1回以上は、既存オペレーターに対して、フォローアップ研修を実施している。
□研修を実施する際、対象範囲の予習をしたり、教えるべきポイントを事前にまとめている。
□研修を実施した後、必ずアンケートを実施して、効果を検証している。

●経営貢献編

□週次・月次報告書を作成する際、毎回目的を意識し、報告書の内容を定期的に改訂している。
□単にお客様の声(VOC)を報告するだけではなく、経営陣に音声のログを聞かせる提案をしたり、センターへの訪問を呼びかける提案をしている。
□提案したもので、会社のサービスが変わるなど、大きな改善を行い、成功したことがある。
□オペレーターからSVまでのキャリアアップの仕組みを構築し、さらに、コンタクトセンター内だけで完結する仕組みとしていない。
□コールリーズンを分析し、分析した結果に基づき人材の採用や教育をしている。

図3-3　SVスキルセルフチェック

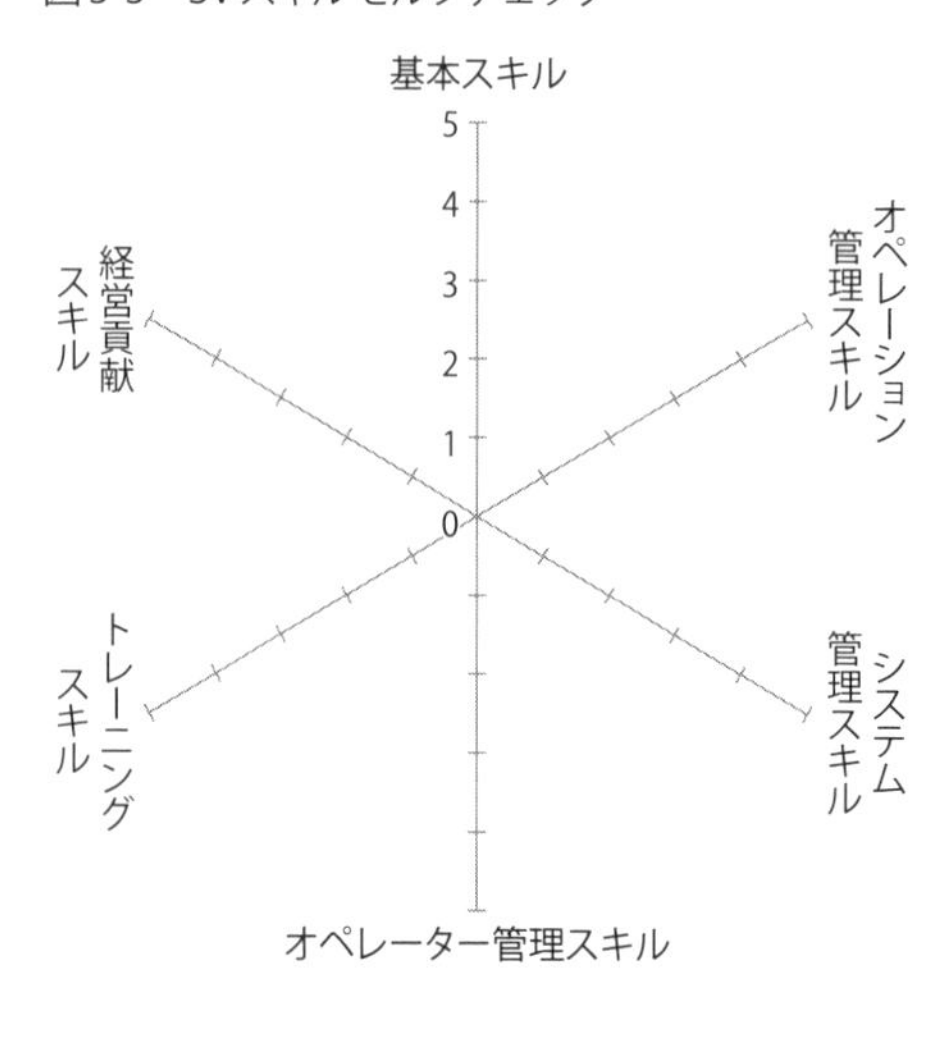

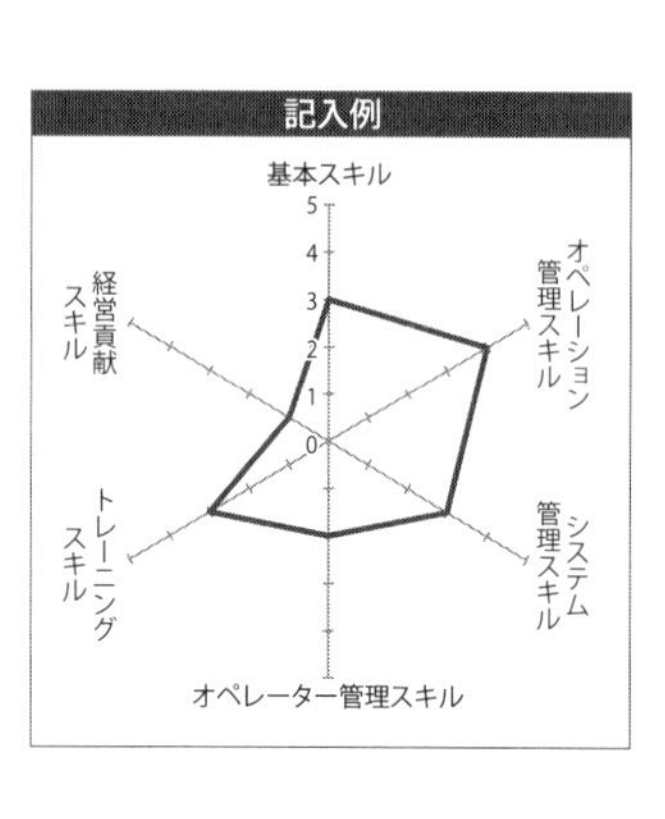

いかがでしたでしょうか。図解にあるようなレーダーチャート表（**図３‐３：SVスキルセルフチェック**）に該当した数を書き込み、線で結んでみてください。

そうすると……ほとんどのSVは、全然できていない項目があることに気づき、ショックを受けます。当然のことながら、SVとしては、できるだけ大きな六角形が描けることが理想です。ただ、実際に点数をつけてもらうと、ほとんどの項目で0点の人もいます。相当いびつな六角形になる人もいます。だからと言って、他のSVもできていないから、自分は大丈夫なんだと思わないようにしてください。私が言いたいのは、現状できていなくても構わないですが、いま、自分ができていないことを直視することがとても大事なのです。できていない自分を受け入れ、できていない項目を知ることから、SVのスキル習得の第一歩が始まります。まずは、自分の強みと弱みを知り、スキルがないものについては、これからどうやってスキル習得をすればよいかを考えればいいのです。

Column

一流のSVがやっている5つのこと

一流のSVと三流のSVの行動を見ていると、日頃やっている行動で、はっきりとした違いが見えてきました。その違いは、5つあります。

1つ目は、「オペレーターの話に耳を傾け、傾聴している」です。

一流のSVは、オペレーターの話を聴きます。いやいや、三流のSVもオペレーターの話を聞いています！　と言ってきそうな人がたくさんいると思うので、説明しますと、三流のSVとは大きな違いがあります。

一流のSVは、全身を耳のようにして、オペレーターの話を聴きます。メモを取ったりして、積極的に聴こうとします。作業の途中であれば、手を止めます。オペレーターから話しかけられても、パソコンを入力しながら話を聞く三流のSVとは違うのです。

2つ目は、「どんな小さいことでも見逃さずに褒め、承認する」です。

一流のSVは、褒めることの大切さをよく知っています。それは、誰でも褒められると嬉しいという人間の心理を理解しているからです。

一方、三流のSVは、上から目線で、褒めるより、注意することが多くなります。

「後処理の履歴のカテゴリー、間違ってたよ！」とか、「なんで誤案内したの？」とかです。

3つ目は、「オペレーターの強みを見極めて、仕事をお願いする」です。
人には、得手不得手があります。あなたにもあるでしょう？
しかし、三流のSVは、そんなことをあまり意識せずに、人に仕事をお願いしたりします。

昔、ある女性オペレーターのSさんがいました。

Sさんは、電話対応が得意ではありません。ドキドキしてしまい、話をしている途中に頭が真っ白になってしまって、その後は話せなくなってしまうのです。Sさんは、その後も電話を受け続けるのですが、やっぱりうまくいきません。何度も聞き直したり、質問したりするため、お客様を度々怒らせてしまったりするのです。

私は、決断して、Sさんをセンター内のFAX入力チームに異動させました。FAXチームは、お客様からの申込書をFAXで受け取り、パソコンに入力するという事務作業をするチームです。

Sさんは、その後、センター内で大活躍をしました。Sさんは、電話より事務が得意だったのです。一流のSVは、強みを見極め、適材適所でオペレーターを配置することができます。

4つ目は、「オペレーターの夢や新しいチャレンジを精一杯サポートする」です。

一流のSVは、オペレーターが新しい業務にチャレンジする際、自分にできることを精一杯サポートします。なぜなら、自分のことを見てくれる人の期待に応えようとオペレーターも思いますし、自分の夢に寄り添ってくれるSVに好感を持つことを知っているからです。

例えば、将来SVになりたいと思っているオペレーターも結構いたりします。

一流のSVは、そのオペレーターがどうしたらSVになれるかを考え、アドバイスします。

一方、三流のSVは、自分が出世できるかどうかしか関心がありません。

そして、最後5つ目です。

「やっている仕事の意味を自分の言葉で説明することができる」です。

一流のSVは、知っています。何を知っているのか。それは、仕事の意義を話すことで、オペレーターのモチベーションを高めることができるし、それをすることが必要であることを知っているのです。オペレーターも毎日､同じような問い合わせを受けて対応していると、単調でつまらないように思えてきたりします。

しかし、

「このお客様対応で、お客様のご不明点を明確にできれば、お客様をハッピーにさせられる」

「自分たちは、まさに最前線でお客様対応をしており、自分の対応次第で、お客様の企業に対する印象は決まる！」など、やっている仕事の意義を見出すことができれば、これってすごく意味のある仕事だな！　って思えてきます。

ということで、一流のＳＶがやっている5つのことでした。


あなたは、いくつできているでしょうか。

2. まとめ

第3章では、ＳＶになったら身につけなければならないスキルについて、お伝えしました。問題解決やファシリテーション、タイムマネジメントなど、ＳＶにとっては必須なスキルにもかかわらず、コンタクトセンターで身につける機会がないため、自己研鑽していく必要があります。また、ＳＶの専門スキルについても、まず自分のスキルがあるのかないのかをセルフチェックで確認し、不足しているスキルは、何で、どうやって身につけていくのかを考えてもらえるとよいかと思います。

第 4 章

SVの専門スキル 運用管理編

第4章では、電話やメールなどお客様対応をするにあたって、オペレーターにアドバイスや指導を行うための基礎部分を学んでいきます。クレーム対応は、SVが苦手にしている人が多いため、クレームに対応する際の基本的な心構えや二次対応の方法、テクニックなどを学びます。モニタリングは、モニタリングの知られざる本当の目的やモニタリングを実施するための具体的方法を学んでいきます。では早速始めていきましょう。

1. お客様対応基礎

ここからは、お客様対応に関する基礎部分を学んでいきます。まずは、電話対応から学んでいきましょう。

(1) 電話対応基礎

ＡＩやボットなどの導入により、回答の自動化が進む中、電話で対応するセンターも徐々に減りつつありますが、高齢者など、依然として電話対応を好むお客様は多いですし、複雑な問題だと、機械ではなく、オペレーターでないと解決できないこともあります。今も、お客様のコンタクトチャネル、つまり企業とお客様との接点として一番割合が多いのが、この電話対応です。

インバウンドとアウトバウンドでは印象が決まるスピードが違う

インバウンドとは、コンタクトセンターにお客様からかかってくる電話を受ける受信業務を指します。一方、アウトバウンドは、営業電話のように企業からお客様に対して電話をかける架電業務を指します。では、早速、問題です。電話でお客様が話し始めて、何秒でお客様の企業に対する印象が決まるでしょうか？

インバウンドの場合は、オペレーターとお客様の電話がつながってから15秒、アウトバウンドの場合は5秒で印象が決まります。このため、オペレーターにオープニングの挨拶は基本的に明るく爽やかに出てもらうよう指導する必要があるのです。

電話対応特有の知識

では、ＳＶが電話対応で最低限知っておくべき10個のポイントを説明しましょう。

1 オープニングの挨拶は特に明るく爽やかに言わせる

オペレーターから「明るく爽やかにって、どんな感じですか?」と質問されます。その際、どうやってその質問に答えればよいかと言えば、オペレーターの言いやすいドレミファソラシドの音階を言ってもらいます。その中の「ソ」の音階から「お電話ありがとうございます。○○センター担当○○でございます」と言ってくださいとアドバイスしてあげればいいです。オープニングの挨拶は、明るく爽やかが基本ですが、業種業態により、それでは困る（例えば、葬祭業のコンタクトセンターなど）センターもありますので、気をつけてください。

2 ヘッドセットのマイクを正しい位置にセットさせる

ヘッドセットのマイクの正しい位置を知らないSVは結構います。さて、問題ですが、マイクの正しい位置を次の3つから選んでみてください。

(イ) 上唇付近
(ロ) 下唇付近
(ハ) 顎付近

さあ、どれでしょう。正解は(ロ)の下唇付近が一番綺麗に声を拾いやすいです。そのため、オペレーターのヘッドセットのマイクの位置がおかしければ、指導する必要があります。

3 正しい姿勢で業務をさせる

オペレーターは長時間、基本的に座った状態で電話を受けることになります。座り方によって、喉を痛めることもあるので、注意が必要です。椅子の背もたれにもたれかかる姿勢ではなく、椅子の背もたれと背中の間に拳1個分が入るくらい間を開けて座ると、長時間話をしても、喉を痛めずに済みます。オペレーターの座り方も注意深く観察してみてください。

4 はっきりした口調で話させる

早口が一番、お客様にとっては聞きづらい話し方になります。聞きづらいと、何度も聞き返されたりして、お客様にとっても無駄な時間や手間がかかってしまいます。オペレーターが早口にならないようにさせるには、口を大きく開けて話させることです。例えば、「あ」は、口に指3本くらいを縦にして入れるくらい開けさせます。一度やってみると、意外と大きな口を開けなければならないことに気づきます。

5 重要なことは復唱させる

お客様の重要な情報、例えば名前や住所などは、必ず復唱、つまり、お客様が言ったことと同じことを言わせます。お客様に聞いていますよということを伝えるだけでなく、聞き漏らしや誤解を防ぐために復唱をさせます。無意識に復唱を省くオペレーターもいるので、重要な情報にもかかわらず、オペレーターが復唱を省いていたら注意します。

6 NGワードは言わせない

コンタクトセンターにおいては、オペレーターが電話対応で言ってはいけない言葉があります。

・もしもし
・ですから
・すみません

・（名前、電話番号、住所）を頂戴してもよろしいでしょうか
・分かります？
・できません
・〜のようです
・えーと／あのー
・うん、うん／ええ
・〜で、よろしかったでしょうか？
・なるほど
・専門用語、略語

これらの言葉について、なぜ言ってはいけないのかを、SVはオペレーターに対して説明できる必要があります。あなたは、すべて理由を言え、オペレーターに指導できるでしょうか（**図4‐1：NGワードの理由、解答は99頁**）。

7 保留の時は、必ず理由を言わせる

オペレーターが電話対応中に、過去の対応履歴など何か調べ物などをする際、保留にすることがあります。しかし、オペレーターの中には、「少々お待ちください」と言って、理由を何も言わないまま、電話を勝手に保留にする人もいます。そうでなくても、お客様からすれば、できれば保留なく電話対応してもらいたいと思っています。過去の対応履歴の確認など、どうしても保留にしなければならな

い場合は、「お客様の情報を確認致しますので、少々お待ちいただけますでしょうか」と保留にする理由をきちんと述べてから保留にしているか、オペレーターの対応を観察します。なお、保留時間は30秒が目安です。それより長くなる場合は、もう少し時間がかかることをお客様にお伝えするか、折り返し電話対応にしているかをチェックする必要があります。

8 スピードはゆっくり

オペレーターの話すスピードは常に観察し、早口の場合は注意をすることが必要です。注意をした際、早口のオペレーターから、「じゃあ、どれくらいのスピードだったらいいんですか?」と聞かれることがあります。その際は、「NHKのラジオのアナウンサーのスピード」と答えればいいです。テレビではなく、ラジオです。民放ではなく、NHKです。聞いてもらうと分かりますが、思った以上にゆっくり喋っています。

では、あなたの話すスピードを測定したいと思います。次の文章を読む際に、ストップウォッチでどれくらいの速さで読んでいるのかを確認してみてください。

「神奈川県川崎市は、大手通信会社が一般向けに販売している、表情や声で人の感情を読み取ることができるというロボットを職員に任命し、今日から市の施設で訪れた客をおもてなしする業務が始まりました。川崎市が商業観光課の職員に任命したのは、大手通信会社『クリエイトキャリア』が家庭など一般向けに販売しているロボットで、備え付けのカメラやマイクで表情や声のトーンを分析して、人の感情を認識できるということです。ロボットは、現在は簡単な挨拶などしかできませんが、市では今後はプログラムを充実させて、市内の観光地の案内などもできるようにしたいとしています。」

いかがでしたでしょうか。

ちなみにこのトークスクリプトであれば、46秒が適切なスピードです。46秒より遅ければ問題ないですが、46秒より速い場合は、早口なので注意が必要です。

9 大事なことはメモを取る

お客様から伝えられる内容で、大切な情報があったりします。お客様番号や名前、住所など、重要な情報は、パソコンでもいいですし、ノートでもいいので、メモを取らせることが必要です。大事なことをメモしなかったことで、お客様から、「何度も言わせるんじゃない！」と怒られることもありますので、オペレーターが適切な場面でメモしているかどうかについても観察が必要です。

10 単調な話し方はNG

オペレーターによっては、淡々と説明する人もいます。間をとったり、抑揚をつけて話をしないと、クレームに発展することが多いです。間を取るとは、適切なタイミングを図ることです。抑揚

図4-1　NGワードの理由(解答)

NGワード	使ってはいけない理由
もしもし	通常、電話の第一声や相手の声が聞こえづらい場合に使ってしまう言葉ですが、元々は「申す、申す」の略語であり、略語をお客様に使用するのは失礼のためNGです
ですから	お客様に対し2回以上同じ説明をする場合や、こちらの説明を誤解された時に言ってしまいがちな言葉ですが、理解できていない相手に再度説明するという意味で、こちらも失礼な言い方のためNGです
すみません	謝罪する時につい使ってしまいがちな言葉ですが、友達に謝るような感覚で、馴れ馴れしさを感じる言葉です。お客様には失礼にあたる言葉になるためNGです
(名前、電話番号、住所)を頂戴してもよろしいでしょうか	お客様の名前や電話番号、住所などを確認する際に使いがちな言葉です。「頂戴する」は、「もらう」の謙譲語です。そもそも名前などはもらうものではないのでNGです
分かります?	お客様に説明した時に理解していただけない場合に使ってしまいがちな言葉です。お客様の理解を問う言葉で、失礼にあたるためNGです
できません	お客様のご要望や意見を真っ向から拒絶している印象を与えてしまうためNGです
〜のようです	答えに自信がない時に使ってしまいがちな言葉です。推測の言葉は、お客様に不安を与える言葉になるためNGです
えーと/あのー	口癖になって、つい出てしまう言葉です。特に次の言葉を探している時に出てしまいます。話す内容がまとまっていなかったり、自信がないことを示してしまうためNGです
うん、うん/ええ	つい言ってしまいがちな相槌ですが、馴れ馴れしく、お客様からすると印象の悪い言葉のためNGです
〜で、よろしかったでしょうか?	過去の内容について確認する言葉です。たった今、話した内容を過去形で確認するのは、おかしいためNGです
なるほど	お客様との会話で相槌を打つ時や納得する時に使ってしまいがちな言葉です。相手の言葉に評価を下すような上から目線の表現のためNGです
専門用語、略語	社内では普通に通じる言葉でも、お客様にとっては初めて聞く言葉であったり、理解できない言葉となるためNGです

とは、話す時の声の調子の上がり下がりのことです。一本調子やスクリプトの棒読みは、お客様に気持ちが伝わりにくく、話の内容も伝わりにくくなってしまいます。そのため、単調なオペレーターがいた場合は、クレームに発展しがちになるので、指導が必要となります。直すのに時間がかかるため、根気強さも求められます。

(2) メール、チャット対応基礎

メールとチャット対応の違い

昔のコンタクトセンターは、電話対応が主流でしたが、現在では、お客様のニーズに合わせて、メールやチャット、LINEなどを使ってお客様をサポートするセンターが増えています。ここでは、メールとチャット対応についてSVに必要な知識を学んでいきましょう。なお、メールに比べるとチャットのほうがお客様満足度で言えば、20%以上高いです。電話と同様、チャットのほうが即時解決する率が高いからです。そのため、チャット対応をやっていないセンターは、チャット対応も導入を検討していく必要があります。

では、はじめにメールとチャット対応の違いについて、学んでいきましょう。

メールもチャットもテキスト文章でお客様とのやりとりを行う手段という意味では同じですが、いくつかの違いがあります(**図4-2:メールとチャット対応の違い**)。

メール対応のポイント

1 返信のスピード重要

メールの対応センターは、電話システムのように分秒単位で厳密に管理されておらず、24時間返信率、つまり、24時間以内に返信すればOKというルールで運用しているセンターが多いです。しかし、

図4-2　メールとチャット対応の違い

	メール対応	チャット対応
対応時間	24時間以内に返信しているセンターが多い	リアルタイムに対応する
コミュニケーション形態	1対1での対応が基本。複数の顧客に送信することは可能だが、同時にコミュニケーションすることはできない	1対1が基本だが、複数の顧客と同時にコミュニケーションすることが可能(最大5人くらい)
対話形式	一問一答形式が主流。長文での説明も可能	短文で、簡潔な内容でのやり取りが中心。会話形式で何度もやりとりが発生する
文章	挨拶文が必要。ビジネス文書であることが必要	挨拶文なしで、用件のみで問題なし。文章は、話し言葉でフランクでもよいが、くだけ過ぎはNG
メッセージの作成	HTML書式であれば、フォントや色、文字の大きさなどを変更することが可能。ただし、一度送信してしまうと、編集や削除ができない	フォントや色、文字の大きさなどを変更することができないことが多い。送信後に編集や削除も可能
絵文字やスタンプ	使用しない	センターによっては、決められた範囲内で使用可能にしている

今はスピードが求められていますので、最低でも6時間以内、クレームについては、できれば2時間以内には、最終的な回答でなくても、内容を確認した旨を伝える第一報を返信することが必要です。

2 調査力重要

メールの場合、文章として残りますので、電話対応以上によく事実を調べてから返信することが求められます。

3 オリジナル文重要

効率化のためには、定型文は必須ですが、クレーム時などは、定型文に頼りすぎないで、自分の言葉で書くことが必要です。お客様は、返信された文章がテンプレートで書かれた文章かどうかは、すぐに見抜きます。

4 2段落目が重要

最初の挨拶文は、実は、お客様はあまり読んでいません。特に挨拶文の直後の2段落目にお客様が求めている回答が書かれているためです。2段落目は、お客様から一番注目され、読まれる所になるため、丁寧に書きます。

5 なぜメールを送ってきたのかを読み取るべし

短い文章でメールを送ってこられるお客様も多いです。電話であれば、質問しながらお客様の意図を汲み取ることができますが、メールの場合は、文章から読み取る必要があるため、電話対応以上によくお客様の気持ちを考えることが重要です。

チャット対応のポイント

続いてチャット対応のポイントです。

1 迅速、かつ正確に落ち着いて対応する

即時回答が必要だからといって、慌てるあまり、回答が雑になってはいけません。また、チャットの場合は、同時に複数名のお客様の対応が可能になります(最大5件くらい)が、他のお客様の対応と混同したりしないように気をつける必要があります。特にテンプレートのコピー&ペーストのミスは

図4-3　硬すぎる表現、砕けすぎる表現

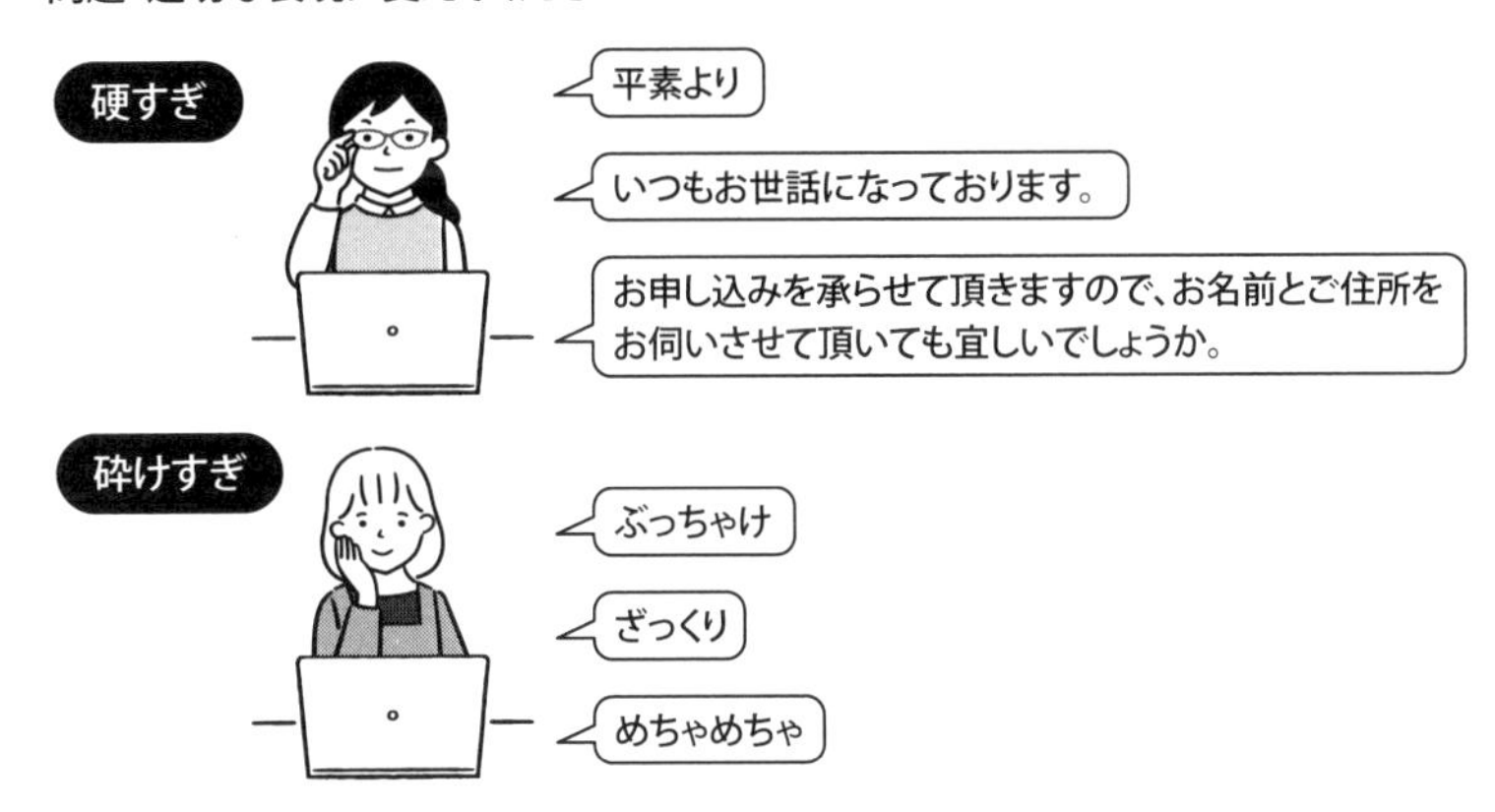

問題：適切な表現に変えてください
硬すぎ
平素より
いつもお世話になっております。
お申し込みを承らせて頂きますので、お名前とご住所をお伺いさせて頂いても宜しいでしょうか。
砕けすぎ
ぶっちゃけ
ざっくり
めちゃめちゃ

注意が必要です。

2 文章はメールより硬くなくてよいが、砕け過ぎはNG

チャット対応は、メールと比較すると、硬い感じではなく、少しフランクな感じで対応したほうがいいです。お客様もチャットがそういうツールであることを認識されているからです。そのため、少し砕けた表現のほうがより親身な対応に感じてもらうことができます。なお、絵文字の使用ですが、企業の提供している商品やサービスにより使用を可能にしているセンターが多いですが、もし使う場合には、使用できる絵文字をあらかじめ決めておくことです。

では、ここで、硬い表現を砕けた表現にすることができるかどうかについて、いくつかクイズをやってみたいと思います（**図4-3：硬すぎる表現、砕けすぎる表現、解答は104頁**）。

3 ニーズを引き出すために効果的な質問をする

お客様が抱える問題を解決するには、必要な情報を効果的な質問で聞き出していかなければなりません。うまく聞き出すに

図4-3　硬すぎる表現、砕けすぎる表現(解答)

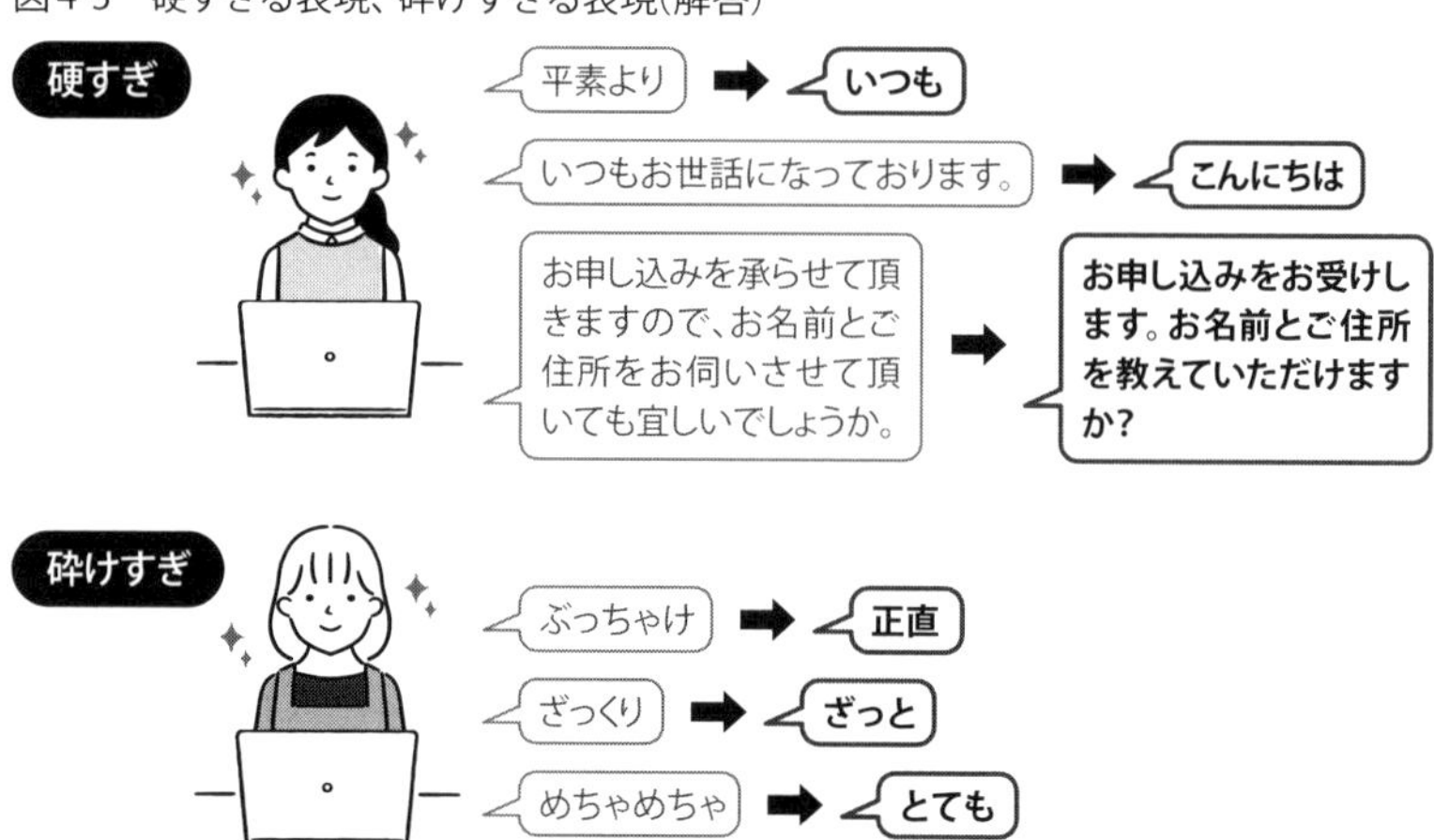

は、質問方法を変えたり、言い換えが必要です。

・クローズドクエスチョン

クローズドクエスチョンは、「カレーとハンバーグ、どちらが好きですか?」といった、二者択一または、YES or NOで答えられる質問です。答えやすい質問なので、お客様が回答に困った時に、有効に活用できます。

・オープンクエスチョン

オープンクエスチョンは、「好きなスポーツは何ですか?」といったように、お客様が自由に回答できる質問です。自由に回答できるのですが、回答までに考える時間がかかります。

4 お客様の質問に真正面から答える

お客様の質問に答えるなんて、そんなの当たり前でしょうと思われるかもしれませんが、チャットの場合、スピード感が要求されるため、思わずお客様の質問を無視してしまったり、回答を曖昧にしたりしてしまうケースがあります。「Aですか? Bですか?」と聞かれているのにもかかわらず、「C」と答えてしまっているのです。お客様から聞かれたことについては、1つひとつきちんと真正面から答えます。

5 必要に応じてチャット以外のチャネルを提案する

チャットでお客様対応を継続して行うことが難しい案件もあります。その場合は、電話やメールなど他のチャネルへ誘導します。

チャット対応が限界になるケース

チャットでお客様対応を継続していても、お客様の問題が解決できないケースとは、どういう場合でしょうか。

- 詳細な確認が必要な場合
- 説明が長くなってしまう場合
- お客様の理解に時間がかかり、説明が進まない場合
- チャットを開始したが、お客様がチャット対応を望まない場合
- インターネット回線の状況が悪い場合　など

このような場合は、電話やメールなど、他のチャネルを案内します。

6 誤字脱字には注意が必要だが、あまり気にしすぎない

誤字脱字があると、お客様に伝えたい内容が伝わらなくなってしまうだけでなく、書いている内容

の信頼を失うことにもなります。ただし、チャットはスピード感が大切なため、メールほど気にすぎないようにしましょう。

7 一方的に説明しない

チャットの場合、答えを伝えようとするあまり、お客様の反応を見ずに、一方的に説明してしまいがちです。ここで、クイズをやってみたいと思います。

【クイズ】正しいものに○をつけてください

（　）一回で理解していただくため、貼り付ける定型文が多少長くなっても問題ない
（　）長い説明の場合、途中で声を掛けたほうがよい
（　）説明の途中で質問されたら、後で回答する旨を伝えて、先にこちらからの説明を済ませたほうがよい

※正解は、本章の最後（140頁）を参照

8 お客様の入力を待ち、必要に応じて声を掛ける

お客様が入力中の場合は、途中でこちら側から入力しないようにして、お客様の入力を遮らないようにします。また、こちらから回答しているのにもかかわらずお客様の反応がない時は、「いかがですか？」と聞いてみるとよいでしょう。

9 一文は、できるだけ簡潔にし、一文が長くなる場合は、文章を分ける

お客様への回答文章は、できるだけ簡潔にします。長い文章になると、お客様の理解に時間がかかりますし、読むほうも負担になります。初めに結論、次に補足というステップで説明するとよいでしょう。

10 お客様が使った単語を使って会話をし、指示語は使わない

お客様からの問い合わせがあった時には、できるだけお客様の入力した言葉を引用して回答することが、お客様満足度の向上につながります。「あれ」とか「これ」とか指示語は、理解に手間取るので使わないほうがいいです。

2. クレーム対応

お客様対応で、何らかの原因によりクレームに発展した際に、オペレーターで完結できない場合、SVはオペレーターの上席としてクレーム対応をすることになります。

(1) クレーム時、こんなことをSVは考えている

早速、あなたに質問してみましょう。あなたはクレーム対応には自信がありますか？　答えは、

YESでしょうか。ほとんどの方はNOと答えると思います。

そのため、SVはクレームのことを知ろうとして、クレームに関する書籍を探しますが、SV向けのクレームの二次対応に関する書籍はほとんどありません。ヒントが少ない中でもSVは、オペレーターから日々エスカレーションを受けて対応しなくてはなりません。SVになってから最初の悩みとなるのが、このクレームの二次対応業務です。オペレーターには、「SV」というエスカレーション先があるため、クレームに直面した時にも「後ろ盾がある」という安心感があります。しかし、エスカレーションを受ける側のSVは問題を完結させなければいけない「最後の砦」となるため、大きなプレッシャーがかかるのです。

あなたは、オペレーターからエスカレーションされたクレームに直面した際、こんなことを考えていないでしょうか。「嫌だな」「早く電話を切ってくれないかな」「なぜ他のSVではなく、自分に回って来てしまったんだろう」「あの時、休憩に行っていれば」など、一度は思ったことがあるのではないでしょうか。

実は、ベテランSVもあなたと同じように思っているので安心してもらえればと思います。しかし、SVであれば二次対応をしなければならない状況に直面することになるので、どのように対応すればよいのかを知っておかなければなりません。

⑵たった1つの心構えでクレームは収束できる

SVにとって大切なことは、逃げない気持ちを持つことです。起こっていることの重要性を考えたり、怒っているお客様に直接対応したりすると、つい腰が引けてしまうこともあるでしょう。エスカレーション対応をしている中でも、「早く電話を切りたい」などと思ってしまいがちですが、お客様はそうした気持ちを見抜きます。では、どうすればよいのでしょうか。

今からあなたにお伝えしようとしているクレーム時の心構えは、とても効果的です。以前、私は、「早く切ってくれないかな」とか「話が終わらないかな」とばかり考えながら電話対応をしていて、お客様対応も長引くばかりでした。なぜか、電話が長引いてしまいます。ところが、あることがきっかけで、クレーム時も長時間にならずに電話を切ることができるようになったのです。

そのきっかけとは……。

あるセンターで働いていた時、ある同僚の女性ＳＶがふとした瞬間に私にこんなことを言ったのです。「寺下さんは、クレーム対応の時、早く切りたいなとか思っているでしょ？」と。私は、自分の本音を言い当てられ、とても恥ずかしかったです。そのＳＶは、どんな重いクレームでも、それほど時間もかからず、電話を切る時には、お客様から「あなたで良かった」とか「ありがとう」とか言われて、電話を切っているのです。私は、恥を忍んで聞いてみました。「クレームの時、どうやったら、お客様からそんな反応をもらえるような対応ができるようになるのか」を。

私は、教えてもらった内容を実践して、驚きました。そう、早く電話を切れるようになったのです。周りの人が驚くほどです。

私が女性ＳＶから教えてもらった心構えを知りたいですか？

図4-4　SVの二次対応の成功事例、失敗事例

成功事例
●お客様の話を遮らずに、しっかり聞いた
●「お前はどう思う？」と聞かれ、お客様の立場に立って回答した
●お客様に質問をすることで、誤解が解けた
●お客様からの質問に保留なく答えられた
●同じ回答だったが、対応者が変わったことで納得してもらえた
●折り返しにして、時間を置いたことでお客様が冷静になった

失敗事例
●言い訳が多くなってしまった
●早口で説明してしまった
●話が被った時にお客様を優先せずに話をし続けてしまった
●結果的に嘘を言ってしまった
●前回の対応者と引き継ぎ不十分だったため、再度、話を聞いたことで激怒された
●過剰に謝りすぎた
●知識に自信がないことが原因で、曖昧な回答をしてしまった
●「上司に代われ」との要求に応えなかったため、さらに激怒された
●オペレーターと異なる回答をしたため、問題となった
●会社の都合やルールで「できない」を連発したことでクレームが拡大した

それは、「今日1日、このお客様のために頑張ろうと思うこと」です。「えっ、これだけ？」と思うかもしれませんが、これだけです。

しかし、この気持ちがとても大切なのです。これまで大勢のSVを見てきましたが、クレームから何とか逃げようとするSVはたくさんいます。逃げるようなSVをオペレーターが信用するでしょうか。また、お客様も、逃げるようなSVと安心して話をすることができるでしょうか。仮にその場でクレームから逃げることができたとしても、またどこかでクレーム対応をしなくてはならないことになります。

新人SVはまず、クレームの基本的な対応方法をしっかり身につけ、少しずつ場慣れしてクレームに強い体質を身につ

けていくことが先決です。実際の成功例、失敗例をまとめましたので、参考にしてみてください（**図4-4：SVの二次対応の成功事例、失敗事例**）。

(3) クレームを申し出るお客様は非常に少ない

早速、問題です。あなたは、あるハンバーガーチェーンで食事をすることになりました。カウンターで注文して、出来たてのハンバーガーを席で食べようとしたところ、こともあろうに、ハンバーガーに自分のとは違う髪の毛が挟まっていました。さあ、あなたは、店員さんにそのことを申し出ますか？　それとも申し出ませんか？

この問題を出すと、一般の方の9割以上は、クレームを申し出ないと回答します。言うのが面倒とか、事を荒立てたくないとか思ってしまって、申し出ないのです。一方、SVは、ほとんどの方がお店に申し出ると言います。日頃、仕事でクレームを言われているからか、ここぞとばかりに言ってしまうのかもしれません。お店のことを思ってとか、再発防止のために申し出るお客様もいらっしゃいます。しかし、ほとんどのお客様は、言わないのです。言わないだけなら問題ありませんが、言わずにその店に2度と来店することはなくなるのです。私が何を言いたいかというと、クレームを言う人は少ない、つまり、裏返して言うと、クレームを言ってくれることは、企業側にとってはとてもありがたいということです。クレームは、信頼回復を図る絶好のチャンスなのです。単にクレームと聞くと、つらい、大変そうとか思ってしまいがちですが、本来つらいのは、そんなことで電話をしなければならなくなったお客様です。そのため、クレームの申し出があったら、「わざわざ言ってくださったのだな」とありがたい気持ちで、対応しなければいけません。

(4) オペレーターサポート5つの極意

クレームの一次対応を行うオペレーターをフォローするのは、SVとしての重要な仕事でもあります。オペレーターをサポートする際の5つの極意をお伝えしたいと思います。

極意その1　モニタリングで状況を把握する

オペレーターのそばで行うサイドバイサイド、または、離れた席から対応を聞くリモートモニタリングを実施して、状況を把握します。オペレーターからすると、SVがそばで対応を聞いてくれるのは、心強いことです。まず、どんな状況なのか、お客様は何が原因でクレームになっているのかについて、モニタリングをしながら、事実や状況を理解します。

極意その2　対応方法を指示してあげる

オペレーターに対し、保留中や対応中でもメモなどを使って対応方法を指示してあげます。オペレーターがクレーム対応で一番困るのは、例えばお客様からYESなのかNOなのかと聞かれて答えられない場合です。そんな時、ＳＶからどうやって回答していいのかについて指示があれば、大変助かるわけです。

極意その３　エスカレーションのタイミングを見逃さない

上席として代わるタイミングを見逃してはいけません。センター長にエスカレーションするタイミングも逃してはいけません。

ＳＶがオペレーターの上席として電話を代わっても、お客様への回答が変わらないことも多々あると思います。しかし、そんな時でもＳＶは、オペレーターの電話を代わって対応する必要があります。なぜなら、結論がオペレーターの回答と仮に同じだったとしても、上席が出ることでお客様の納得度は変わるからです。ただし、安易に電話を代わることはオススメできません。オペレーターの問題解決力が低下してしまうからです。センター内でルール（例えば、「上司に代われ」と3回言われたら代わるなど）を事前に決めておき、どういう状況になったら電話を代わるのかを明確にしておくとよいでしょう。

極意その４　対応後に結果をオペレーターに伝える

対応が終了したら、どのような原因でクレームが発生したのかをオペレーターと話す時間を設けます。クレームの原因が、企業が提供する商品やサービスそのものの場合もありますが、オペレーターの対応が原因でクレームが発生している場合もあります。何が原因でクレームが発生したのかを分析し、オペレーターにフィードバックしてあげることです。

極意その5　気持ちのリセットをしてあげる

オペレーターの気持ちをリセットさせるため、5分程度の臨時休憩を出してあげます。オペレーターも人間ですから、「頭が悪いんじゃないか」とか「大学出てるのか」など、お客様からの厳しい言葉で時に泣いてしまうこともあります。言われなき言葉の暴力で気持ちが落ち込むことだってあります。そんな時、SVは、対応したオペレーターに小休憩を臨時で与えることです。気持ちをリセットして、次の電話を取ってもらう環境を整えることがSVとしての仕事です。

(5) クレーム時にお客様が求めている6つのもの

クレームを申し出てくるお客様が求めているものは、次の6つです。

① 共感と傾聴要求

お客様は、まず、自分の言っていることをしっかりと聞いて、自分もその通りだと感じてほしいと望んでいます。よくお客様は、「お前は、俺の立場だったらどう思う?」と聞いてきたりします。その際、あなたはどのように対応しているでしょうか。多くのSVは、「これは、会社のルールです」とか「お答えできかねます」などと、お客様の主張を突っぱねてしまったりしますが、よくありません。「お客様の立場に立てば、私も残念に感じたと思います」と、自分がお客様の立場に立って感じたことを、正直に言えばいいのです。私は、お客様の立場に立って答えるようにしていますので、私が「お客様の立場に立てば、非常にがっかりすると思います」と言うと、お客様も「そうだろ」と言って、長引いている電話もあっという間に収束したりします。

②謝罪要求

2つ目は、謝ってほしいという要求です。謝罪の際、すぐ謝ってしまっては、会社の非を認めることになるので、安易に謝ってはいけないと指導される人もいるようですが、お客様に手間を取らせたこと、不快な気持ちにさせたことは事実ですから、その点について謝れば、会社の非を認めたことにはなりません。「この度は、お客様に大変お手間を取らせることになってしまい、大変申し訳ございません」といったように、まずは謝罪すればよいです。

③原因説明要求

3つ目は、クレームが発生した原因の説明を要求してくる場合です。システムトラブルや誤案内などの問題が発生した場合、説明を求められます。「○○について詳しく説明しろ！」と言われるケースです。なぜ、そのような問題が起きてしまったのかについて、調べて説明しなければなりません。

④実現要求

4つ目は、お客様が実現してほしい内容を言ってくる場合です。返金やキャンセルなど、お客様が希望される要求を主張してくるケースです。補償や割引、サービスや商品の再提供などを求めてくる場合もあります。

⑤改善策の提示要求

5つ目は、オペレーションミスがきっかけでクレームが発生した際などに、お客様から今後の改善を求められるケースがあります。その際は、お客様と約束したことをきちんと守ることです。口先だけで、「今後、オペレーターに教育して参ります」と言って、電話を切ろうとするSVもいますが、お客様によっては、きちんと教育されているかどうか後日、電話をしてきて、確認をした方もいましたので、口先だけで何とか逃げ切ろうとしないよう注意が必要です。

⑥会社の方針明示要求

最後の6つ目が会社の方向性や方針を明確化するように要求されるケースです。コンタクトセンターがどうのというより、会社全体がどのような方向性、方針になっているのかを確認されるお客様もいます。

以上、お客様が求める6つのものでした。クレームに発展した際、右記の6つのうち、1つだけを要求される場合もありますし、2個～3個を組み合わせて要求してくる場合もあります。お客様から求められるものは、必ずこの6つのうちのどれかになると考えれば、少し気持ちも楽になります。お客様が今回の電話で何を求めてきているのかを、お客様の話を聞きながらしっかり洞察し、それに応じた対応をすべきです。

(6) あなたを助ける咄嗟の一言

オペレーターからエスカレーションされ、クレームの二次対応をする際、瞬時に適切な言葉が出てこないケースがあります。そんな時、SVは咄嗟の一言で切り抜けられる場合があります。本当は、今から掲げる言葉を見なくても、さっと出ることが理想ですが、まずはこうした言葉があることを知り、自然に使いこなせるようになっておくことです。

■相手に寄り添う言葉

・ご事情をお察し致します
・鋭いご指摘でございます
・おっしゃる通りでございます
・お客様のご指摘はごもっともでございます
・ご心配ですよね
・深刻な状況が伝わって参ります

■責任と信頼を生む言葉

・私、○○が責任を持って、お話をお伺いします
・この件は、私が責任を持って上席、関係部署に申し伝えます

■最後に付け加える感謝の言葉

・ご連絡をいただき、ありがとうございました
・貴重なご意見ありがとうございました

(7) 謝罪のフレーズ集

SVは、謝罪の際に使う言葉のバリエーションは数多く持っていたほうがよいです。謝罪の仕方に

もいろいろあるからです。実際にクレームの二次対応時に結構、言葉が出てこないことがあります。私もクレームの二次対応をした時、頭が真っ白になってしまって、「申し訳ございません」しか言葉が出てこず、それを繰り返し使っていたところ、しまいにはお客様から「お前は、申し訳ございませんか病か」と指摘されたこともあります。謝罪の言葉は、いくつかバリエーションを持っておくと謝罪の際、活用できます。次の言葉のリストをコピーして、まずはデスクに貼っておくとよいでしょう。

・申し訳ございません
・大変失礼致しました
・深くお詫び致します
・深くお詫びを申し上げます
・考えがおよびませんでした
・ご迷惑をおかけ致しました
・ご迷惑をおかけしております
・ご心配をおかけ致しました
・ご面倒をおかけすることとなり、心苦しい限りでございます
・お叱りは、ごもっともでございます
・あってはならないことでございます
・勉強不足で、申し訳ございません

・お手数をおかけ致しました
・ご負担をおかけ致しました
・この度は、お騒がせ致しました
・今後、このようなことのないよう十分注意致します

このように謝罪の言葉にもいろいろあります。まずは、言葉のバリエーションを身につけ、いつでもさっと出てくるようにしておきましょう。

(8) クレームに対する苦手意識の克服

あなたは、クレーム対応に対して苦手意識を持っているかもしれません。なぜ、苦手意識を持ってしまうかというと、理由がいくつかあります。1つ目は、過去のトラウマです。過去にクレーム対応で痛い目に遭っていたりすると、どうしてもその嫌な体験が思い出され、対応に躊躇してしまいます。2つ目に、理不尽な怒りをお客様からぶつけられることに慣れていないことです。お客様も人間なので、感情が揺れ動きます。時に理不尽だなと思えることをぶつけられることもあります。そうした状況に慣れていないと苦手意識を持ってしまいます。そして、3つ目が、対応が長引くような案件だと気が滅入ってしまいます。特に「原因を調査して、1週間後に結果を電話してこい」とお客様に言われたりすれば、1週間、食事もあまり喉を通らないことになります。

正直に言うと、私もクレーム対応は苦手でした。できれば対応せずに済むとしたら、そうならないかなと思っていました。しかし、そのような意識をお客様は見抜きます。不思議なことに、早く電話を切りたいと思っていればいるほど、対応が長引きます。電話の場合は視覚がないだけに、お客様の聴覚やその他の感覚が研ぎ澄まされているのです。

あるクレーム対応の際、1時間以上におよぶ対応になり、途中であまりに喉が乾いてしまい、ほんの一瞬だけ音を消すミュートのボタンを押して、お茶を一口飲んだ時のことです。すぐミュートを解除したのですが、お客様から「今、お前、お茶を飲んだだろう?」と言われ、バレていたことがあります。それだけ、お客様も敏感になっているのです。

まずは、SVは、お客様対応をするうえでは、クレームが必ずあるということを前提に対応すればよいです。クレーム対応は、誰しも得意なわけではありません。少しずつ慣れていくことも必要です。

Column

訪問謝罪で得られた思わぬ副産物とは

コンタクトセンターは、直接お客様とお会いすることなく、電話で何とか対応を終えようとするところが多いと思います。コンタクトセンターのSVがお客様のお宅を訪問して、謝罪することはまれかもしれませんが、私は、オペレーターがミスを犯し、お客様に迷惑をおかけしてしまい、その結果、お客様から直接訪問による謝罪を求められた場合には、お客様のお宅に訪問していました。

会ったこともないお客様、そして、電話では非常にご立腹だったお客様と会うのは、とても勇気がいります。

FacebookやInstagramなど、ＳＮＳで事前にお客様の顔写真を確認してから訪問しようと思ったりもしますが、現実はなかなか特定すること自体、難しかったりしますし、そんな時間もなかったりします。

ある時、主婦のオペレーターのTさんが、聞き間違いでお客様に誤案内をしてしまい、お客様に迷惑がかかり、その結果、お客様が非常にお怒りになるという事件が起きました。

お客様は、声からすると50代の男性で、オペレーターが着用するヘッドセットから声が漏れ聞こえるくらいお怒りでした。お客様は、ミスをしてしまったTさんを電話に出せと何度も叫んだり、Tさんが出るまで何度もセンターに電話をかけ直してこられました。

確かに誤案内をしてしまったのはTさんですが、それは指導するＳＶの責任でもあるのです。そのため、Tさんを直接電話に出させるわけにはいきません。Tさんへの電話はすべてＳＶ対応にするよう指示をして、Tさんには、しばらく仮名を名乗って、電話対応をしてもらっていました。

しかし、お客様は何度もセンターに電話をしてきて、電話に出たオペレーターを1人残らず罵倒するため、Tさんも気が気ではありません。

ついには、Tさんも他のオペレーターに迷惑がかかっていることを申し訳なく思い、電話に出て直接お客様に謝罪したいと申し出てきました。いろいろ検討した結果、お客様と電話で話をしてもらうことにしました。

私は、Tさんのそばについてモニタリングをしていましたが、あまりのお客様の怒り口調で、Tさんのメモを取る手は震え、目に涙を溜めています。Tさんは必死になって謝罪しましたが、Tさんなりの精一杯の誠意や謝罪も通じず、お客様は許してくれませんでした。

もう限界と思われた時、お客様から「お前はもういい。一番偉いやつを出せ!」と言われました。そして、私が上席対応することになったのです。

お客様に丁重にこれまでの経緯を正直に説明し、誠意を持って謝罪しましたが、直接会って謝らなければ絶対に許さないと言うので、直接お客様に会うことにしました。

夕方、センターを出発し、特急電車に1時間ほど揺られ、最寄り駅からタクシーに乗って、お客様から指示された場所に向かいました。

お会いした時の衝撃は、今でも忘れません。見た目からしても、かなり強面の人でした。いきなり殴られるのではないかと思ったほどです。

直接、お客様と話をすること、約2時間。今回は100%センター側に非があるため、お客様からこっぴどく叱られました。そして、ようやく許してもらい、別れ際に菓子折りをお渡しして、お客様と別れました。

訪問謝罪をした翌日の朝。

Tさんは、いつもより30分も早い時間に出社して真っ先に私の所に来ました。

Tさん：「寺下さん、本当にありがとうございました。さっき、夜勤のSVさんから、夜遅い時間に寺下さんが副センター長のWさんとセンターに戻られたとお聞きしました」

深々と、そして何度もお辞儀をされました。

寺　下：「何とかお客様に許してもらったから、もう大丈夫ですよ（笑）」

Tさん：「本当にありがとうございました。そして、ミスをしてしまい、申し訳ありませんでした」

こちらが恐縮してしまうほどでしたが、とても感謝されました。

寺　下：「もうお客様も怒っていらっしゃらないし、電話がかかってくることはないから心配しないで。仮名で電話も取らなくていいですから、普段通りお仕事してくださいね。でも、ミスには気をつけてくださいね！」

Tさん：「はいっ！」

その後、センターの中がいつもと違う雰囲気であることに気づきました。

私がお客様のお宅に訪問したこと自体が、ちょっとした武勇伝のようになり、センターの中でしばらくの間、話題となったのです。

今回のお客様への直接訪問で、得たものがあります。

まず、お客様からの信頼の回復です。これが得られれば十分なのですが、しかし、実はこれ以外の大きなものも同時に得られていたことがその時、分かったのです。それは何だか分かりますか？

・よく小さなミスを犯していたTさんがより注意深くなり、ミスを犯さなくなった
・Tさん以外のオペレーターからも大きな信頼を寄せられるようになった
・SV間の結束力が強くなった

など、いろいろ得るものがありました。これも、逃げずに正面から向き合って、真摯にお客様に対応したからです。クレーム対応は、私も得意ではありません。怖いか怖くないかと聞かれれば、やはり怖いです。

しかし、苦手でも、SVやマネージャーは対応しなければならない時があります。それが求められる役割だからです。

その際、いかに落ち着いて対応できるか、また、お客様と正面から向き合っているかをオペレーターも周りのSVもじっと見ているのです。

お客様の立場で考え、誠実に対応すれば、解決の糸口も見つかりますし、オペレーターとの絆も深まります。クレーム対応をする時に今回の話を思い出し、あなたも前向きに対応できるようになるといいなと思います。

3. モニタリング

(1) 知られざるモニタリングの本当の目的

　モニタリングとは、オペレーターとお客様との通話内容を定期的にチェックして、評価することを意味します。モニタリング担当者が、オペレーターとお客様の会話が録音された内容を聞いて、あらかじめ用意したモニタリングチェックシートでチェックしていきます。また、モニタリングには、評価だけではなく、オペレーターのサポートを目的として、オペレーターの隣で聞くサイドバイサイドモニタリングやSVがオペレーターから離れた所で聞くリモートモニタリングもあります。専任で品質管理担当がいるセンターもありますが、SVが兼務していることが多いです。モニタリングチェックシートという評価シートに基づき、応対の評価をしていきます。オペレーターの研修・指導・トレーニングに活用したり、クレームなど緊急時の際に実施します。


　では、何のためにモニタリングをするのでしょうか?

　この質問に正確に答えられるSVは、実はほとんどいません。実際にSVに質問をしてみると、多くのSVは、品質管理のため、トレーニングで参考にするため、オペレーターの指導のため、業務改善のためなどと回答します。

　一見すると全部正解のようですが、不正解です。モニタリングは、最終的には「お客様が満足するために行うもの」です。品質の向上も、オペレーター指導も、業務プロセスやマニュアルの見直しも、お客様満足向上のための手段に過ぎないわけです。モニタリングの実施にあたって、お客様の満足はつい忘れがちとなりますが、この「お客様満足」の視点をモニタリングでは忘れてはいけません。

モニタリングは、多くのセンターで実施されるようにはなっていますが、SVが多忙でそこまで手が回らず、できていないセンターもあるのが現実です。また、できていたとしても半年に1回のペースでしか実施できていないセンターも数多くあります。最近では、モニタリングもシステムで自動化させて全件チェックするというセンターも出てきましたが、いまだ人によるモニタリングがほとんどです。担当者の多くは、SVから任命されています。モニタリングで大切なことは、オペレーターが納得いくフィードバックを受けられることです。結局、オペレーターが納得できるようなモニタリングができていなければ、時間を割いたにもかかわらずモニタリングをする意味も薄れてしまうからです。

ここから先は、オペレーターが納得するモニタリングとは何かについて考えたいと思います。

もう1つ質問してみましょう。あなたのセンターでのモニタリングの問題点を1つ挙げるとすると、それは何でしょうか?

1番は、モニタリングやフィードバックをする時間が取れないということでしょう。あとはモニタリングはやっているものの自信がない。そしてフィードバックをしても、オペレーターが納得できるようなフィードバックができていないことが、回答として実に多いです。

どうすればモニタリングの時間が取れるようになるのでしょうか。当然、オペレーターがクレーム対応の際は、SVがリアルタイムでモニタリングし、適切な指示を出すことは時間がない中でもできています。しかし、これが評価のための定期モニタリングとなると、途端に時間が取れなくなります。これは、どのセンターでも永遠の課題です。そもそもSVやモニタリング担当者が、自身のタイムマネジメントスキルを鍛えるしかないわけですが、リソースが限られるのであれば、やり方を工夫する他ありません。まず、サンプルの抽出の仕方を工夫してみることをオススメします。本来は、評価の誤差を少なくするため、適正な数のサンプル数を取る必要がありますが、実際はそれだけの数を抽出してチェックするのは至難の業だったりします。また、サンプルを抽出する段階で、例えば、クレームなどのイレギュラーなコールや長時間の対応を除いたりして、余計な手間がかかっていたりもします。では、どうやってSVやモニタリング担当者は時間を作ればよいでしょうか。

オペレーター自身に申告させるのが、一番納得度が高くてよいです。自分がSVやモニタリング担当者に聞いてもらいたいコールやメールをオペレーターから出してもらうのです。当然、SVやモニタリング担当者がランダムに抽出した対応ではありませんが、腹落ち感は、無作為に選んだコールやメールと違い、随分異なる結果となります。たくさんの通話録音を聞いてもいいですが、それで満足してはいけません。オペレーターに適切な指導ができ、お客様に満足してもらえる対応にできるチェックになっているかどうか。ここを常に意識する必要があります。

モニタリングをやってはいるものの、これが本当に果たして効果があるのか疑問に感じているSVも多いです。自信を持ってモニタリングをするには、SVやモニタリング担当者自身がモニタリングの目的やチェック項目の詳細をしっかり理解することです。何のためにモニタリングをし、何がOKで、何がNGなのかをきちんとオペレーターに説明できるよう、しっかり準備する必要があります。評価項目がないセンターは、まず評価項目から作成する必要がありますが、評価項目が分からなければ、他センターと交流するなどして、まず情報を収集することです。作成の際、気をつけること。それは、チェック項目数を担当者の負荷を考慮しつつ、目的が達成できるよう設定すること、そして、納得感を得るためにも、事前に何を○として何を×とするのかをきちんと定義し、オペレーターに開示するなどして、評価の透明性を高めることです（**図4-5：モニタリングチェックシート**）。決して、トークマナー中心の重箱の隅をつつくようなチェック項目にはしないことです。どんなに綺麗な日本語や正しい敬語を使えたとしても、お客様の問題が解決しなければ、まったく意味がないからです。そのため、お客様満足度調査で、オペレーターの対応が大変良かったのに、モニタリングスコアが低評価ということはあってはならないのです。つまり、モニタリングではオペレーターの声に注目しがちですが、真に注目すべきはお客様の声なのです。実施頻度は無理をしない範囲でスタートすればよいですが、ちなみにお客様満足度の高いセンターは、2週間に1回のチェックにしています。

複数人で評価しているセンターでは、評価のバラつきが気になって、評価の妥当性に自信が持てないケースもあります。人が評価する以上、複数人で評価すれば、バラつきが出てしまいます。バラつ

図4-5　モニタリングチェックシート

	項目		評価	内容
1	顧客視点でのコミュニケーションスキル	分かりやすさ	4・3・2・1	中学生でも分かる言葉で簡潔に伝えており、専門用語や略語がないか？ 専門用語、略語はNG。伝える内容でお客様の頭の中に疑問が浮かんでいる場合はNG
2		状況把握	4・3・2・1	お客様のお困りごとについて、共感力を発揮しているか？ お客様が一番聞きたいことを把握できてない場合はNG。お客様の状況（限られた時間、困り具合、不安感、焦り具合）への理解がない場合はNG
3		聞き取りやすさ	4・3・2・1	お客様に合わせた聞き取りやすいスピードや間、抑揚になっているか？ お客様が聞き返した場合や早口はNG。単調で、事務的な説明はNG
4		積極性	4・3・2・1	積極的に自分から必要に応じた質問や提案をしているか？ 一歩踏み込んで質問や提案をしていない場合はNG
5		ホスピタリティ	4・3・2・1	お客様に対する誠実さや感謝が伝わる対応か？ 不誠実な対応や感謝が伝わってこない場合はNG
6	企業視点でのコミュニケーションスキル	企業の代表	4・3・2・1	会社の顔として、自覚ある対応ができているか？ 会社の顔として自覚ない対応の場合はNG
7		本人確認	4・3・2・1	個人情報について話をする前に本人確認を行っているか？ 本人確認を行わないまま個人情報に関する話を進めた場合はNG
8		顧客満足度（CS）	4・3・2・1	センターが掲げるCSから逸脱した通話でなかったか？ CSから逸脱している場合はNG
9	マナースキル	オープニング	4・3・2・1	通話開始時、感じよく社名と名乗りができているか？ 暗すぎたり、無気力な場合、名乗りがない場合はNG
10		クロージング	4・3・2・1	通話終了時、承った内容の復唱または確認と名乗りができているか？ 承った内容の復唱または確認がない場合や名乗りがない場合はNG
11		保留	4・3・2・1	保留の際の保留にする理由と謝辞を伝えているか？ 保留の理由を伝えてない場合はNG。保留時間が長くなる場合は、再度了承を得るなどの配慮がない場合はNG。保留解除後に謝辞を伝えてない場合もNG
12		口癖	4・3・2・1	正しい敬語を使っているか？ 気になる話し癖はないか？ 二重敬語や友達口調、語尾伸びがある場合はNG。「えーと」など気になる口癖がある場合もNG
13		相槌、復唱	4・3・2・1	相槌、復唱（オウム返し）を有効に使って、お客様の話を受け止め、不安を払拭しているか？ 相槌がない場合、復唱してない場合はNG。お客様の話を遮っている場合もNG
14		クッション言葉	4・3・2・1	お客様にお願いする場合は、クッション言葉を用いて依頼形でお願いしているか？ クッション言葉がなかったり、命令形で伝えている場合はNG
15	法令遵守スキル	法令違反	4・3・2・1	法令がある場合は、法令に違反した案内がないか？ 法令に違反している場合はNG
16	後処理スキル	後処理	4・3・2・1	マニュアルに則って、必要な内容を分かりやすく正確に入力しているか？ カテゴリー選択誤りはNG。入力している内容が理解できない場合はNG

【評価基準】 4…完璧にできている。他のオペレーターの見本となる対応
3…一部できていないが、ほぼできている
2…できていない箇所が複数あり、改善の余地がある
1…できていない。クレームに発展する可能性がある

きを最小限にするためにカリブレーション(すり合わせ)をするのが鉄則と言われますが、やるだけ時間の無駄になっているセンターも少なくありません。私は以前、バラつきを抑えるために、行動で評価するチェック方法に切り替えたことがあります。例えば、オープニングの名乗りで、『明るい名乗りができているか?』という項目があったとしましょう。その場合、評価をする側の印象により明るいかどうかが変わってしまうのです。それを避けるには、こうします。『名乗りができているか?』というように、行動で客観的に評価する項目に変更していけば、ブレは出にくくなります。

(2)フィードバックのコツ

オペレーターへのフィードバックに自信を持てないSVが多いですが、原因は2つあります。フィードバックの仕方を知らないこと、そして、オペレーターの信頼を得ていないことです。1つ目のフィードバックの仕方を知らないことについては、SVは、残念ながら現場や上長から正しいフィードバックの方法を教えてもらっていないことが多いです。2つ目については、つい先日まで現場でSVをしていたにもかかわらず、モニタリング担当になったことで、その瞬間から「あの人は分かってないよね」とオペレーターから見られてしまうことです。オペレーターからすると、現場業務から離れた人から評価されること自体に納得できなくなってしまうからです。私がいたセンターでは、SVについても効果的なジョブローテーション、つまり定期的な配置転換を行うようにしていました。具体的には、3カ月~5カ月くらいを目安にSV→モニタリング担当者→SVと担当する役割を交代していくのです。最初、SVがすべての業務を一巡するまでは大変ですが、3巡くらいすると慣れてきます。実は、当初、1カ月ごとにジョブローテーションをしていたのですが、失敗しました。期間が短すぎたため、モニタリングも通常業務も両方とも十分にスキルを習得できず、オペレーターからの信用も失いかけたのです。そのため、ある程度の業務習得期間を得てからジョブローテーションをすべきです。

(3) オペレーターが納得するモニタリング

モニタリングは、オペレーターが評価に納得して、行動に変化を起こし、初めてお客様満足度が向上するものです。これまでも、いろいろなセンターでモニタリングを企画運用してきましたが、オペレーターが納得するモニタリングについて7つのポイントにまとめてみましたので、参考にしてもらえればと思います。

①やり始めたら途中でやめずに継続する

モニタリング運用を開始したら、途中で止めないことが大切です。限られた人数で運用しているため、モニタリングにかけられるリソースも限られます。無理のない範囲でスタートすればよいですが、得たい効果も考えれば、半年や1年に1回ではなく、1カ月~3カ月には少なくとも1回以上できるようしっかり計画を立てる必要があります。仮に繁忙期などある場合は、その時期だけモニタリングを一時中止するのは1つの手です。その場合、あらかじめオペレーターに周知しておく必要があります。途中で止めたり、うやむやにすればするほど、オペレーターの納得度は下がってしまいます。

②目指すべきコールを聞かせる(メールであれば見せる)

モニタリングスコアが良い人の対応を聞いてもらったり、見てもらうことは、スコアの良いオペレーターのモチベーション向上にもつながります。また、定期的にオペレーターの隣に座って作業モニタリングを行うと、効率的なツールの操作をしているのかなど近くで観察でき、得るものも大きかったりします。非効率な操作を見つけたり、びっくりするような裏ワザを発見できたりもします。

③フィードバックの改善点は1個、褒める点は2個(2倍の法則)

チェックして課題が多くても、3つまでしかフィードバックしてはいけません。それは、オペレーター側はたくさん課題を提示されても、受け止めきれないからです。たくさん課題を明示されても、どれから手をつければいいか悩んでしまうのです。だから、課題は優先順位をつけて絞り、課題を1つ提示する場合は、良い点は倍の2つ提示します。さらに、良い点(+)→改善点(−)→今後の期待(+)の順、つまりサンドイッチ話法で話せば、オペレーターのモチベーションも低下することなく、内容も腹落ちするようになります。

④ 文字起こしをさせる

「えーと」や「あのー」など口癖が直りにくいオペレーターに気づきを与えるには、自分自身と向き合わせることが必要です。私は、オペレーター自身に1人で自分の通話録音を聞いてもらう時間をとってもらうようにしていました。その際、自分の通話記録を聞きながら、すべて文字に書き起こしてもらい、口癖や論理性などに矛盾がないかをオペレーター自身に考え、気づかせるのです。大変時間がかかる作業でしたが、効果的な方法と言えます。

⑤ 気持ちのこもった手書きのコメント

フィードバックする際、チェックシートをオペレーターに渡しているセンターもあると思いますが、SVやモニタリング担当者からのコメント欄はどうしているでしょうか。以前、私はパソコンで評価コメントを入力し、また、点数に応じてコメントを変えていましたが、途中から手書きに変更しました。自分の想いがオペレーターに伝わってよいと思ったからです。実際、もらってうれしかったコメントは、オペレーターが机に貼ったりします。オペレーターもうれしいのです。

⑥個人カルテで問題を共有する

オペレーターそれぞれに、モニタリングの結果やフィードバック内容などをエクセルなど1枚のシートにまとめ、SV間で共有できるようにしておくと、誰がいつどのようなフィードバックをしたのか分かります。SVによって言っていることが異ならないよう、カルテできちんとオペレーターの情報を管理することが必要です。

⑦セルフモニタリング

通常は、SVやモニタリング担当者がモニタリングチェックシートをつけますが、オペレーター自身にもチェックをさせます。チェックさせることで、チェック項目に関する詳しい内容を理解させることができます。また、自分自身、どこが問題か気づきを得ることもできます。

あるセンターでのことです。2人のオペレーターが中途採用でセンターに入社しました。

2人とも50代の女性で、1人はコンタクトセンター経験のある方、もう1人はコンタクトセンター経験のない方です。

そのセンターは、ある企業の人事部門のコンタクトセンターで、社内の社員からの問い合わせや相談を受ける社内ヘルプデスクの窓口です。Ａさんは、コンタクトセンター経験はありますが、人事の経験がないため、知識はゼロベース。一方、Ｂさんは、コンタクトセンター経験がないのですが、人事の経験はあるため、知識はあります。

Ａさん：コンタクトセンター経験あり＋業務知識なし
Ｂさん：コンタクトセンター経験なし＋業務知識あり

２人のための導入研修が始まりました。
そして、ＯＪＴ研修を受け、いよいよ着台判定となりました。ＡさんもＢさんも不安そうな顔をしています。なぜなら、今日の試験で、デビューできるかどうかが決まるからです。
Ａさんからテストが始まりました。実際に社員からの問い合わせに対応するのですが、Ａさんの隣で、モニタリング担当の私が対応を聞いていました。

Ａさんは、コンタクトセンター経験があるため、電話の対応は流暢なのですが、知識があまりないため、自信のない対応になってしまいます。電話相手の社員から質問されても、すぐ答えられないため、無言の時間が多く、社員が不安になってしまいます。一通りの対応が終わり、Ａさんの着台判定が終わりました。

続いて、Bさんのテストです。Bさんも実際の社員からの問い合わせに対応します。Bさんは、人事の業務知識はあるものの、電話でのお客様対応経験がありません。

社　員：「退職金制度の申請方法について、教えてもらいたいんですけど」
Bさん：「えーと、一瞬ちょっと待ってもらってもいいですか」
寺　下：「えっ、今、一瞬って言った!?」

私は耳を疑いましたが、確実に言っていました。

社　員：「△△って、運用ルールには規定があるんですよね」
Bさん：「さいですかー」
寺　下：「えっ、今、さいですかって言った？」

一通りの対応が終わり、Bさんの着台判定が終わりました。どちらも基準点に到達せず、不合格になりました。フィードバックの時間です。個別に呼び出して、フィードバックします。Aさんは、業務知識がまだ十分でない点については、とても反省していましたが、業務知識さえつけば、なんとか対応できそうです。小さく「頑張ります」という声が聞こえました。

問題は、Bさんでした。Bさんに私が今回の結果についてフィードバックし、その際、「一瞬」や「さいですか」と言った点も伝えたところ……。

Bさん：「えっ、私そんなこと言ってました？　言ってないと思いますけど（怒）」

いやいや、えーと、全部録音されてるんですけどー。とぼけてくるので、ほんと困ります。

実際に自分の対応の録音を聴かせると、Bさんはこう言いました。

Bさん：「言われたことをやろうとは思いますよ。でも、実際にやるのは難しいんですよ！」

いわば逆ギレです。

自分でチェックしてもらっても、直そうという気持ちがなければやっても無駄なのだと初めて気づかされました。

ここまで、オペレーターが納得するモニタリングについて、述べてきました。センターによって、有効なモニタリング方法は異なりますので、自分のセンターに合う方法を試していただきたいと思います。オペレーターの納得感のあるモニタリングをすることは、品質の向上、ひいてはお客様満足を向上させることとなります。

4．まとめ

第4章では、電話やメール、チャットに関して、それぞれの違いやオペレーターへの指導ポイントなどを学びました。理由も含めて説明できるようになっておくことです。クレーム対応では、心構え次第で、難渋化したお客様に対しても対応することができるようになるため、心構えが大切ですし、誰もがクレーム対応は得意ではないので、少しずつ慣れていくことが必要です。何より、問題から逃げないことが重要です。また、対応時、頭が真っ白になってしまうことも多いため、謝罪の言葉のバリエーションについても増やしておくことです。モニタリングは、品質管理のためでもありますが、本当の目的は、お客様満足向上のためにやっています。単なる作業で終わらないようにしていきましょう。

106頁　クイズの答え

（×）一回で理解していただくため、貼り付ける定型文が多少長くなっても問題ない
（○）長い説明の場合、途中で声を掛けたほうがよい
（×）説明の途中で質問されたら、後で回答する旨を伝えて、先にこちらからの説明を済ませたほうがよい

第 5 章

SVの専門スキル 業務管理編

第5章では、SVがセンター業務を管理するための具体的なスキルを学びます。センターで特に新人が使用するマニュアルやトークスクリプトの作成方法について学びます。KPI管理では、KPIの基本を演習問題などを通して学んでいきます。また、業務量予測では、人員が余剰になった場合や積滞時には、SVがどのように対処すべきかについて学んでいきます。では、早速やっていきましょう。

1. マニュアル作成

(1) マニュアル作成の基本

コンタクトセンターでは、SVがマニュアルを作成することがあります。そのため、SVはマニュアルを作成できなければなりません。そもそも、なぜマニュアルが必要なのでしょうか。理由は3つあります。1つ目は、業務の標準化です。マニュアルがないと、全オペレーターが同じ成果を出すことができなくなってしまいます。その人だけが知っているという、いわゆる属人化が発生してしまいます。そのため、センターで働く全スタッフがお客様対応の標準的な手順について、理解することが大切なのです。2つ目は、トレーニングの効率化です。マニュアルがないまま新人オペレーターのトレーニングをすると、伝え漏れなどが発生したり、トレーナーによって教えるものがバラバラになってしまったりします。また、マニュアルがないと余計なトレーニング時間もかかってしまいます。3つ目は、業務改善のヒントにするためです。マニュアルを作成することで、業務の無駄などを発見することができます。

カレーライスの作り方で分かるマニュアル作成スキルの有無

あなたは、業務で使用するマニュアルを1人で作成することができるでしょうか。

マニュアル作成スキルの有無については、私は、よくSVにカレーライスの作り方を書いてもらって判断しています。カレーの作り方を書いてもらうだけで、マニュアル作成のスキルの有無が一発で分かるのです。

え!?　コンタクトセンターとカレーライスの作り方って、関係ないのでは？　と思われると思いますが、大いに関係があります。試しに、カレーライスの作り方をお手元にあるメモやノートで構いませんので、一度書いてみてもらえればと思います。

実際、SVに作成してもらうと、そのアウトプットからいろいろと見えてくるものがあります。せっかくなので、自分ならどう作るか少し考えてから、読み進めていただければと思います。

1 全体像を描いている

マニュアル作成のポイントの1つが全体像を描けることです。できるSVは、まず最初に全体像を描いてから、詳細の内容について作成していきます。一方、作成できないSVは、詳細から書いていこうとします。カレーの作り方で言うと、全体像を描けるSVは、料理の全体の所要時間や何人分のカレーなのかということが明記されています。詳細から書いてしまうSVは、詳細な手順ばかり書いていて、そんなことには一切触れません。

2 図解できる

できるSVは、カレーライスの絵や野菜や肉を切る際の絵を描いたり、写真を載せたりして、できるだけパッと見て分かるようにマニュアルを作っていきます。一方、できないSVは、文字だけで説明しようとします。例えば、玉ねぎはくし切りにするとか切り方についても触れるのですが、すべて文章で説明するため、初心者はどうやって切ればいいか分からないという事態が発生します。

3 数値で表している

できるSVは、玉ねぎやジャガイモなど準備する材料を書いていきますが、その際、個数なども数値で表しています。一方、できないSVは、材料として玉ねぎやジャガイモなどは準備するものとして書いているのですが、個数は書いていなかったりします。

4 最後まで手を抜いていない

できるSVは、材料の肉を記入する時、牛肉なのか豚肉なのか、鶏肉なのかなど、肉の種類まで、細部にわたって書いています。一方、できないSVは、肉としか表記しておらず、何の肉を準備すればよいのかが分からない。詰めが甘いため、初めてこのレシピを見た人はカレーを作れないのです。

5 作業の意味や目的が分かる

できるＳＶは、例えば、野菜を煮た時に出る灰汁（アク）を取ることについて書く時も、灰汁を取る意味、つまり、食材にもともと含まれる苦味や渋味などを取り除くということを書きます。

一方、できないＳＶは、野菜を煮た時に出る灰汁を取るということだけを書きます。新人さんなど、誰が見ても分かる内容になっていないのです。野菜を煮ると灰汁が出て、取ることが当たり前の意識になっているから、灰汁を取り除く意味を説明できないのです。

自分が分かっていても、初めて業務をするにあたり、マニュアルを使う人が分からなければ意味がないのです。

6 注意すべきところを書いている

できるＳＶは、例えば、野菜を炒める時、どんな状態になったら野菜を炒めることをやめていいのかを書いています。具体的には、玉ねぎが透明になったらＯＫのように書いています。

一方、できないＳＶは、作業工程を単に並べているだけで、どこに注意すればいいのかを書いていません。

7 3色以内に抑えている

できるＳＶは、マニュアルを作成する時、色は３色以内で書いています。一方、できないＳＶは、赤、青、黄色、茶色、紫色など、数多くの色を使って表現します。色は多くの種類を使えば良いわけではなく、限られた色でシンプルに表現することが望ましいです。ちなみに、私は若かりし時、レインボー色が好きでよく使っていたのですが、いま考えると、恥ずかしいですね。

カレーの作り方を書けない人は、コンタクトセンターで必要とされるマニュアルも正しく作成できません。ぜひ参考にしてもらえればと思います(**図5-1:カレーライスの作り方を書いてみる**)。

マニュアル作成5つのポイント

カレーライスの作り方を参考にしながら、マニュアル作成のポイントを説明しましょう。

① 正確であること

まず第1に正確であることが求められます。言うまでもありませんが、マニュアルは、正確でないといけません。カレーの作り方の手順が間違っていれば、美味しい料理が作れないのと同様、コンタクトセンターでもオペレーションミスが発生してしまいます。

② 最新であること

次に最新であることです。カレーの作り方のマニュアルも最新のものに更新しておかないと、古い

図5-1　カレーライスの作り方を書いてみる

☆切る☆
・玉ねぎ大玉 1ケ … 1口大
・にんじん 1本 … 1口大
・牛肉200g … 1口大
・にんにく … みじん切り
・じゃがいも … 1口大
☆炒める☆
・玉ねぎをしっかり焼き色が付くまで炒める
・肉を入れ、他の野菜を入れしんなりするまで炒める
☆煮る☆
・弱火でじっくりコトコト煮込む
・こげないように時々まぜる
☆盛り付ける☆
・最後にルーを入れ、お皿に盛り付ける
いただきます！
ポイント
何人分作るの？
数値入っている？
新人もこれ見て作れる？
図解はしてる？
全体像は分かる？

ままだったり、間違った内容のままだったりする訳です。コンタクトセンターでも、運用ルールが変更になっているにもかかわらず、マニュアルが更新されていなかったりするセンターを多く見かけます。最新の状態に常にアップデートしておく必要があります。

3 全体像が見えること

次に全体像が見えることです。カレーで言えば、料理の所要時間や何人前を作るかということです。特に辞書のような厚さの膨大なマニュアルを必要とするセンターでは、マニュアルを作成する際、全体像と詳細をワンセットで作成するよう強く意識しないといけません。SVは、この全体像を描くのがとても苦手です。全体でいうと、今、どこの場所を教えているのかをオペレーターにも分かるようにする必要があります。

4 ノウハウやコツが示されていること

次にノウハウやコツが示されていることです。カレーを作り続けていれば、ノウハウなどがたまっていくと思います。それらを記載していくことで、さらに美味しいカレーを作ることができます。コンタクトセンターでも業務をしていくうえで、必要なノウハウやコツがあると思います。そうしたノウハウやコツは日頃から蓄積して、マニュアルに記載していかないといけません。

⑤初心者が見てもわかりやすいこと

初心者が見てもわかりやすいことは、マニュアルを作成するうえで、一番大切なことです。カレーを一度も作ったことがない人でも、これさえ見れば分かって作れることが大切です。コンタクトセンターでは、マニュアルを作るＳＶは業務に熟知していることが多く、業務知識があることが前提でマニュアルを作成します。そうすると、新人のオペレーターには理解できない言葉が多数出てくるようになります。マニュアルを作成する際は、中学生でも理解できるような言葉で作成するとよいです。横文字や格好いい言葉は、使う必要はありません。専門用語や略語などが出てきた場合は、これを見た人は分からないという前提で、言い換えや補足をするなどして、新人オペレーターでも理解できるように工夫してみてください。

マニュアル作成時の注意点

マニュアルを作成する際、注意すべき点がいくつかあります。

1 テンプレートは統一する

ある部分はエクセル、他の部分はパワーポイント、またある部分はワードといったように、テンプレートがバラバラになると情報も散逸しがちですし、見やすくないため、統一したほうがいいです。センター内を見ると、ワードやエクセル、パワーポイントなどでマニュアルが作成されていることがほとんどですが、視覚的に分かりやすいマニュアルが作成できるため、パワーポイントで作成すべきです。

2 字体やフォントの大きさを揃える

1ページ目と2ページ目のフォントが異なってしまうと、マニュアルが読みにくくなります。すべてのページのタイトルのフォントは、MPゴシックの24ポイントといったように、最初にパターンやルールを決めてしまい、それに従って作成するとよいです。

3 作成後、すぐに新人オペレーターに見てもらう

マニュアルを作成したら、すぐに新人オペレーターに見てもらうことです。ベテランは、業務知識を既に持っているため、まっさらな目でマニュアルを見ることができません。分かりにくいところや難しいと感じたところを新人オペレーターに教えてもらい、修正すると、とても分かりやすいマニュアルを作成することができます。

図5-2　スクリプト作成のコツ

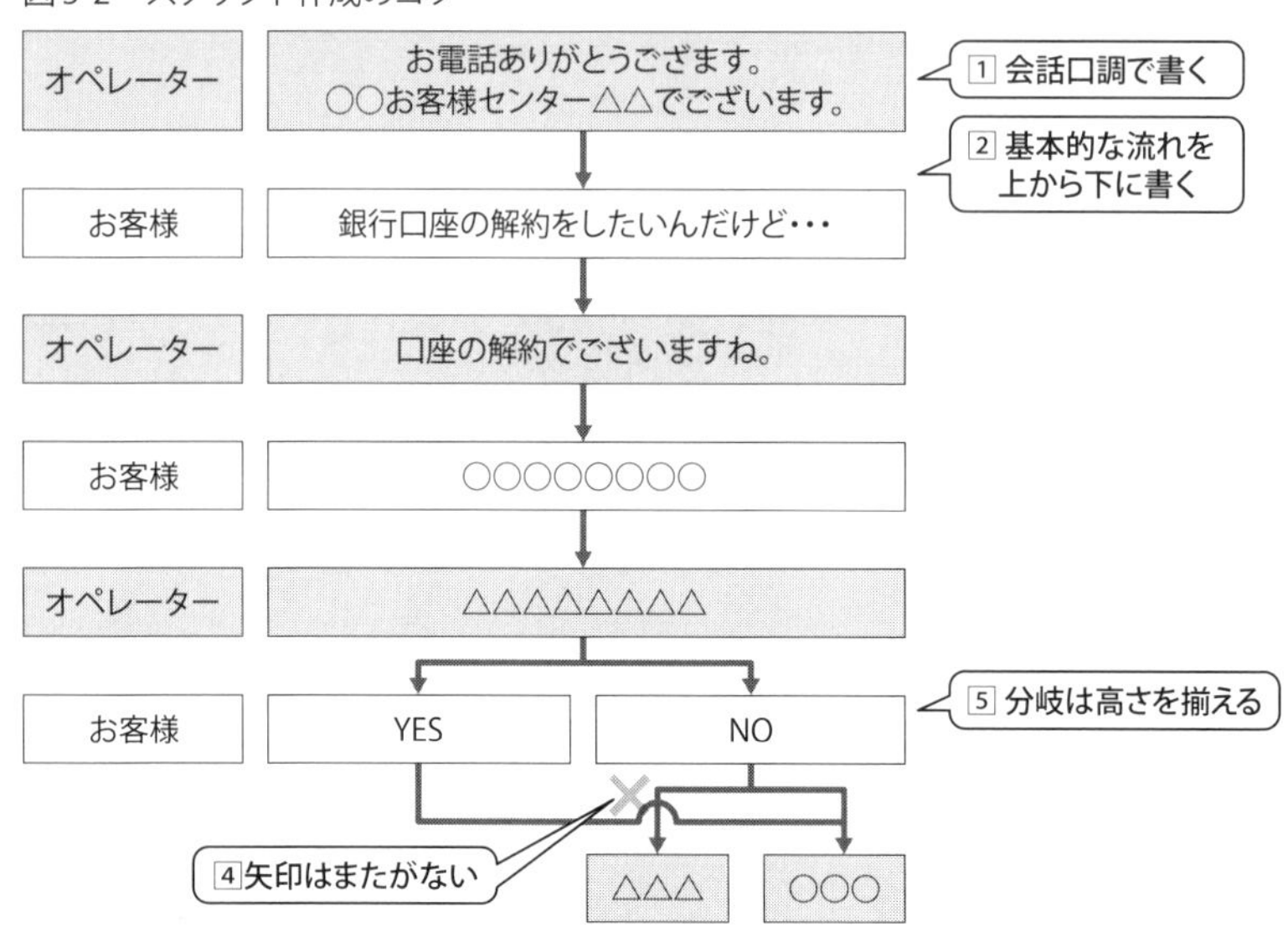

オペレーター
お電話ありがとうございます。
○○お客様センター△△でございます。
1 会話口調で書く
2 基本的な流れを
上から下に書く
お客様
銀行口座の解約をしたいんだけど・・・
オペレーター
口座の解約でございますね。
お客様
○○○○○○○○
オペレーター
△△△△△△△△
お客様
YES
NO
5 分岐は高さを揃える
4 矢印はまたがない
△△△
○○○

4 図解する

文字で表現するより図解したほうが早く理解できるところは、できるだけ図解することです。図解することで、言葉で説明するより短時間でオペレーターに理解させることができます。図解力がないと悩むSVもいますが、図解力は訓練で上手になります。まずは、ミーティングに出た際に、発言を図解してみるなど図解の練習をやってみることをオススメします。

(2)トークスクリプト作成の基本

SVは、マニュアルが作成できるだけでなく、トークスクリプトも作成できる必要があります。トークスクリプトとは何でしょうか？　トークスクリプトとは、お客様対応をどのような話の流れで進めていくか、どのような内容の話をするかをあらかじめ決めておくマニュアルのことを言います。

トークスクリプトが必要な理由をSVは、さっと言えないといけませんが、あなたは言えるでしょうか。

トークスクリプトが必要な理由、それは、先ほどお伝えしたマニュアル作成の理由と実は同じです。

スクリプト作成の7つのコツ

コンタクトセンターでスクリプトを作成する時、次の7つのコツを意識しながら作成するとよいです（図5－2：スクリプト作成のコツ）。

1 実際の対話形式（話し言葉）で書く

オペレーターとお客様が実際に電話で話をしている様子をそのまま表現していきます。そのほうがイメージがつきやすいですし、すぐに活用できます。

2 会話の流れが上から下に流れている

人の視線は、上から下、左から右に移動します。そのため、会話の流れは、上から下に流れるように書きます。下から上に流れるような順番はよくありません。

3 基本的な対応を太い幹として一本書く

トークスクリプトは、基本的な対応をまず書くことです。すぐイレギュラー対応を書こうとしますが、よくありません。よくある問い合わせを例に基本の流れはこうだよね、というのが分かるように作っていきます。

4 矢印はまたがない

スクリプトを作成する時、矢印がまたがると意味が分かりにくくなるため、またがないように表現します。

5 分岐する所は高さを揃える

スクリプトのある場面では、ＹＥＳ ｏｒ ＮＯでその後の会話の流れが変わる部分が出てきます。その時、分岐する際は、高さを合わせます。

6 新人オペレーターが見て会話の流れが分かり、これを参考にすぐ電話を受けることができる

新人さんがこれをみて、最初はぎこちなくても、なんとか最後までお客様対応をできるようになっていることが必要です。

7 フォントは統一させる

文字の大きさ、フォントの種類など、ページごとに異ならないように統一させます。そのほうが見やすいです。

2. KPI管理

(1) KPIの基本

KPIとは何か

コンタクトセンターでは、必ずKPIが設定されていると思いますが、そもそもKPIとは何でしょうか？

目標と思っている方が多いと思います。KPI＝Key Performance Indicatorの頭文字をとって、KPIと言っています。日本語に訳すと「重要業績評価指標」です。もっと簡単に言うと『目標達成のための物差し』です。目標達成のためのプロセスの達成状況を表す目印や基準といったふうに理解してもらえればと思います。

4種類のKPI

AHT（平均対応時間）やACW（平均後処理時間）、一次解決率などのKPIをセンターで設定していると思いますが、それらのKPIは、実は、4つの種類に分けることができます（**図5-3：4種類のKPI**）。

図5-3　4種類のKPI

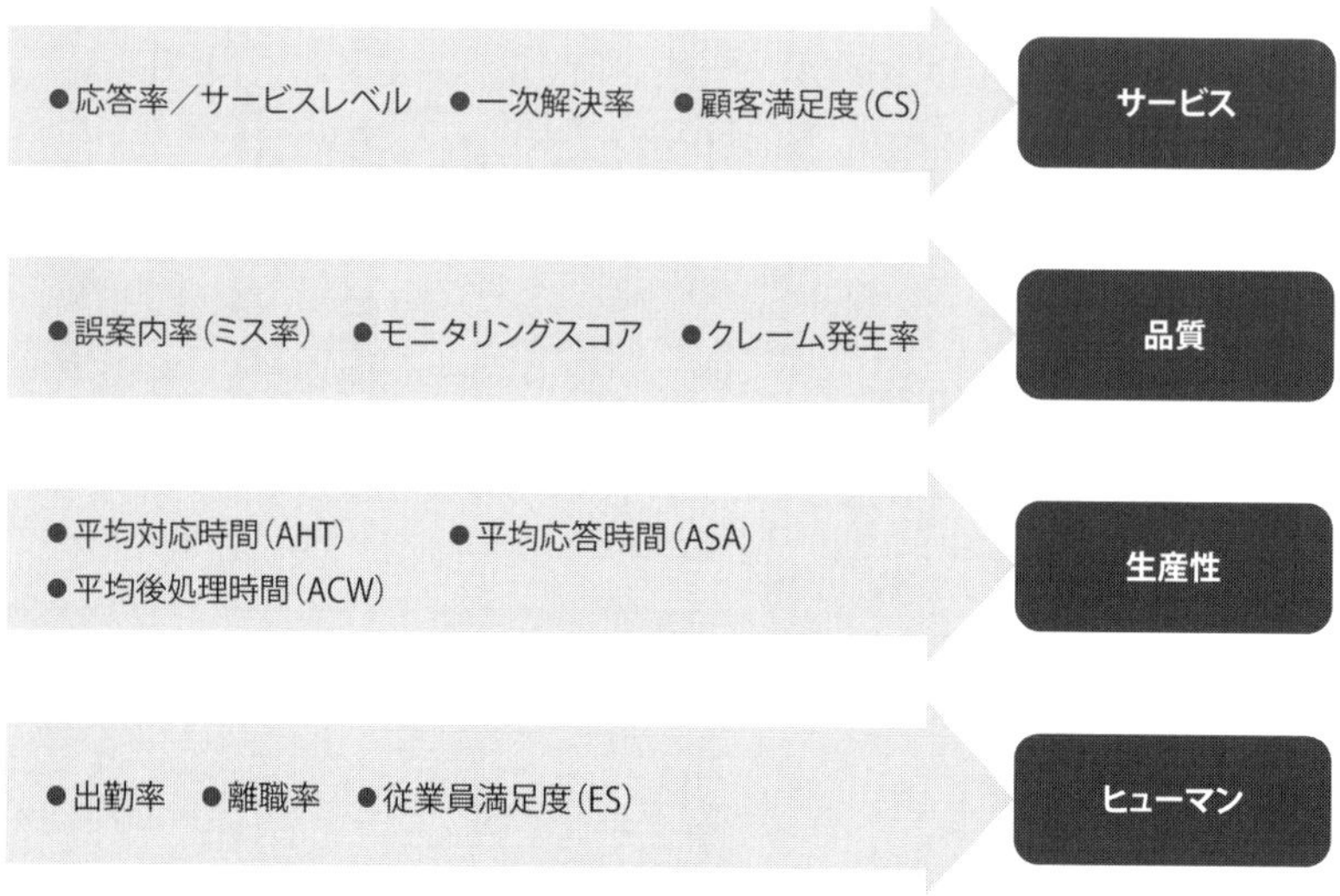

1 サービス

応答率（放棄率）／一次解決率／お客様満足度（ＣＳ）など、お客様へのサービス提供に関わるＫＰＩです。

2 品質

ミス率／モニタリングスコア／クレーム発生率など、オペレーション品質に関するＫＰＩです。

3 生産性

平均対応時間（ＡＨＴ）／平均応答時間（ＡＳＡ）／平均後処理時間（ＡＣＷ）など、センターの効率性に関するＫＰＩです。

4 ヒューマン

出勤率／離職率／従業員満足度（ＥＳ）など、コンタクトセンターに従事する人に関するＫＰＩです。

KPIは連動している

ＳＶは、センターで設定されているＫＰＩを単独なものだと思っています。しかし、ＫＰＩはそれぞれ連動しているのです。早速質問してみますが、通話時間が長くなれば、平均通話時間（ＡＴＴ）が長くなりますが、他のどのＫＰＩに影響するでしょうか。

応答率、平均対応時間、お客様満足度、対応件数など、複数のＫＰＩに影響していきます。後処理時間を改善しないといけないセンターの場合、後処理時間ばかりに注目しがちですが、後処理時間に影響をもたらすＫＰＩもあるので、関連しあうＫＰＩを見つけ出し、どのＫＰＩを改善すれば、後処理時間も改善できるかを考え、策を講じることが大切です。

(2) 応答率の基本

応答率とは何か

応答率とは、コンタクトセンターにかかってきた電話の件数に対してオペレーターが応答できたコール数の割合を言います。通常、コンタクトセンターでは、応答率の目標を80％～95％に設定しているところが多いです。電話の呼量がオペレーターの数より多ければ、積滞、つまりお客様を待たせることになりますが、一方、呼量よりオペレーターの数のほうが多ければ余剰になり、オペレーターの待機時間が多くなり、余剰コストが発生することになります（**図５‐４：積滞と余剰コストの関係**）。

応答率１００％はダメではない

私は、よくＳＶに対して、「応答率１００％はダメなのですか？」と質問することにしています。応答率の本質をよく理解しないまま、応答率を見ているＳＶがほとんどだからです。別に１００％が悪いわけではありません。お客様からすれば、いつ何時電話してもつながるわけですから。しかも、実際に１００％のセンターも存在します。あなたもご存知の通り、１１０番（警察）、１１９番（消防）など人の生命身体、財産に関する重大な内容については、応答率１００％なのです。目の前で事件が起きて、１１０番通報した時に、「ただ今電話が大変混み合っております。このままお待ちいただくか、時間が経ってからおかけ直しください」と案内され、自動的に電話を切られたりしたら、嫌でしょ？　応答率１００％が悪いわけではないのです。ただ、１００％で設定すると、オペレーターも暇な時間ができてしまい、企業側も余計なコストを負担しなければならなくなるため、80％～95％で設定しています。

図5-4　積滞と余剰コストの関係

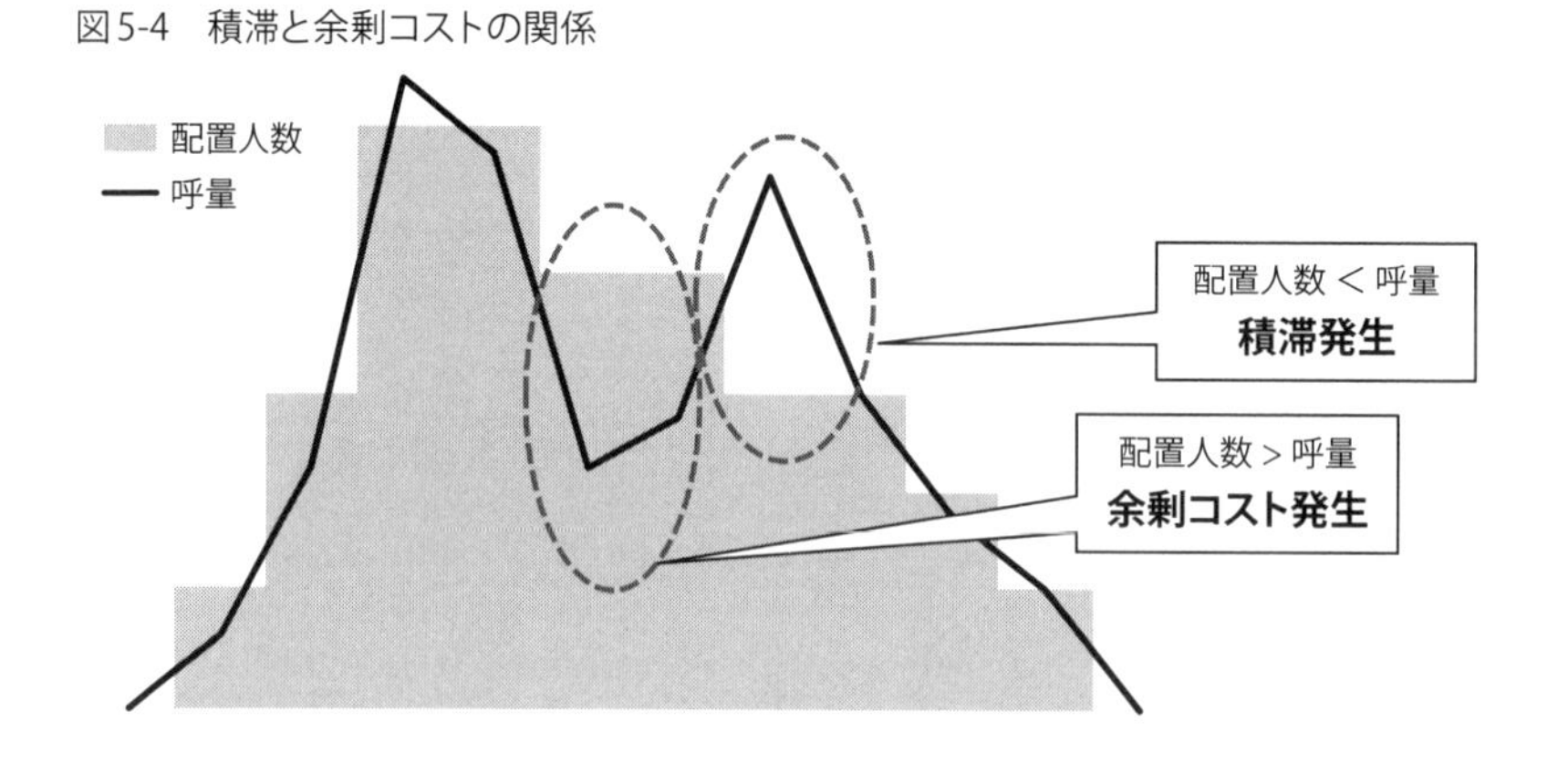

ちなみに、応答率に関して、私は1つ勘違いをしていたことがあります。それは、暇な時間が大幅に増えると、オペレーターはとても喜ぶのではないかと思っていたことです。待機時間が長くなれば、楽して給料をもらえ、ラッキーと思うのではないか、そう考えていました。しかし、実際は違っていました。やることがないとオペレーターは、自分の存在意義を見出せなくなり、退職していきます。

現に、私がいた教育系のコンタクトセンターで、オペレーターが90名近くいたのですが、閑散期で電話の呼量が極端に減ってしまい、電話もほとんどかからなくなったことがあります。その時、オペレーターはSV席に十数人が列をなし、「何かやることはないですか?」「何か仕事を与えてください」と言ってきました。最初は、オペレーター席の文房具の補充をしてもらったり、ヘッドセットを綺麗にしてもらったり、デスク周りの清掃をお願いしたりもしましたが、やるべきことはあっという間になくなってしまい、暇な時間が続きました。その結果、多くのオペレーターが退職していきました。

90%と70%の違いを説明せよ

質問です。応答率90%と70%の違いを説明してみてください。これは、SVが応答率のことをよく分かっているかどうかが判別できる問題です。この質問をすると、100人のお客様が電話をしてきて、90人のお客様の電話に出られた状態という答えがほとんどです。確かにそうなのですが、では、これをオペレーターに説明したところで、どれだけのオペレーターがその違いを理解してくれるかと言ったら、疑問です。

私が説明するとしたら、まず、100人のお客様がコンタクトセンターに電話してこられたとします。90人のお客様の電話がつながり、残り10人はつながらないことになります。つながらなかった10人のお客様は、2回目の電話をしてこられます。10人のお客様のうち9人のお客様の電話がつながることになります。つまり、応答率90%というのは、1回目に電話がつながらなくても、2回目には、ほぼ電話がつながる状態だと言うことができます。一方、70%は、1回目の電話でお客様100人のうち70人は電話がつながりますが、30人のお客様はつながらない結果となります。その30人は、再度、電話されますが、そのうちの7割である21人しか電話はつながらず、9人は2回目の電話でもつながらない結果となります。3回目で、ようやく残り9人のうち6人の電話がつながり、3人は、依然としてつながらない状態です。要するに、応答率70%は、3回目でもつながらないお客様がいる状態と言うことができます。また、70%は、お客様から「電話がつながらないぞ」と言われるレベルでもあります。

(3) サービスレベル

サービスレベルとは

サービスレベルとは、あらかじめ設定した時間内にオペレーターが電話に応答できた割合を示すものです。では、先ほどの応答率との違いは何でしょうか?

応答率との違いは、応答するまでに制限時間があるかどうかという点です。つまり、応答率は、お客様が電話がつながるまで1時間近く待っていたとして、1時間後につながれば応答率は100%になります。一方、サービスレベルは、「20秒以内80％」のように、オペレーターに電話がつながるまでに20秒以内である必要があるわけです。20秒以内につながる電話が8割以上ないといけないという意味です。つまり、応答率は入電に対応すればカウントされるのに対して、サービスレベルはお客様を一定時間待たせると目標が未達になることも出てきます。

(4) アーラン

アーランを知らないSVが9割以上

アーランって何ですか？　という質問に対して、答えられるSVは、実は1割にも満たない状況です。このことは、コンタクトセンターで使う基礎用語の理解が不足していることを意味します。アーランとは、元々は人の名前ですが、センター運営においては呼量の単位です。一定時間内において、どれくらい電話を使っているのかを示しています。

図5-5　アーラン

$$\text{アーラン（呼量）} = \frac{\text{1時間当たりの最繁忙時の呼数} \times \text{平均回線占有時間（秒）}}{\text{3600（秒）}}$$

1時間として計算します［60分×60秒］

アーラン（呼量）は、最繁忙時間帯の呼数と平均回線占有時間を掛け合わせたものを3600秒（1時間）で割った数値です（**図5-5：アーラン**）。なぜ、最繁忙時間帯の呼数を使うのかというと、一番混んでいる時の回線数を用意しておけば、空いている時も問題なく電話が取れるからです。

早速、アーランを求める簡単な計算問題をやってみましょう。

あるセンターの最繁忙時間帯の1時間あたりのインバウンド呼数は140コールで、平均回線占有時間は180秒でした。では、この場合のアーランは、いくつになるでしょうか？

答えは、140（呼）×180（秒）を3600（秒）で割った数値ですので、7アーランになります。計算できたでしょうか？

アーランBとCの使う場面を想定せよ

アーランには、Aはなくて、B（必要回線数の算出の計算式）とC（必要オペレーター数の計算式）があります。それぞれ、漸化式という高校生が学ぶような難しい式ですが、その式自体を覚える必要はありませんし、覚える意味もありません。大切なことは、アーランBとCの使う場面を理解しておくことです。アーランBは、コンタクトセンターを新しく作る際とか、回線数の見直しをする際に使いますし、アーランCは、センターの中で一番よく使うと思いますが、コール予測を基に何人のオペレーターを配置すればよいかを予測する際に使用します。エクセルで、このアーランの計算式を作ることは可能ですが、非常に時間がかかりますし、関数が分かっていないと作成できません。現在は、ホライゾンBPCのアーランCの計算シートのように、無料で、しかも日本語版で計算できるサイトがあるので、それを利用して計算するとよいです(https://www.horizonbpc.com/erlang-calculatotr)。

(5) 後処理時間短縮

後処理時間を短縮する方法を考えよ

お客様との対応履歴の入力など、電話後の後処理時間の短縮は、どのセンターでも課題になっていることの1つです。最近では、システムを活用して後処理入力を自動化したり、通話内容を要約するソフトウエアなども出ていますが、依然として、オペレーターに入力をさせている現場がほとんどです。では、後処理に時間がかかっていて、後処理時間の効率化を図りたいと思っているセンターがあるとしたら、どのような対応が必要でしょうか。

それは、センター全体で取り組むべきことと、オペレーター側で個別に対応が必要なものと、2種類あります。まずは、センター全体で取り組めるものは何でしょうか?

例えば、「りょう」とパソコンで入力したら、「料金問い合わせ」といったように、その読みを入力した際に事前に登録した単語が自動的に変換候補として表示される辞書登録を全台のパソコンに導入します。そして、オペレーターの状況を監視するシステムで、後処理時間が長くなっているオペレーターに対して、声掛けやサポートを行ったりすることができます。オペレーターにタイピング練習や後処理時間短縮のための研修を実施することもできると思います。

後処理時間が短縮できないオペレーターがいたら

では、続いて、あなたのセンターに後処理時間がなかなか短縮できないオペレーターがいたら、どのように指導すればよいでしょうか？

・個人のデータを見せる

客観的なデータを本人に見せることです。速いのか、遅いのか、センターの平均値と比べてどうなのか、他のオペレーターと比べて何位なのかを紙に出力して見せると効果的です。速そうとか遅そうみたいな感覚値ではなく、客観的なデータで見せると納得感があります。

・段階的な目標の設定（短期、中期、長期）

目標値までにかなり現状との差がある場合は、段階的な目標値を設定していきます。その際、ゴールから逆算することがポイントです。例えば、後処理時間の目標が3分だったとします。指導すべきオペレーターが5分かかっていたとしましょう。その際、SVはオペレーターに「あと2分、頑張って短縮しましょう」と指導しますが、間違っています。2分をいきなり短縮することはできないのです。半年後には３分、３カ月後には４分、来週は４分55秒と、段階的目標を設定させ、本人と合意します。毎日の１秒の短縮の努力を惜しんではならないのです。

・ツールの提供（タイピング練習）

キーボード入力のブラインドタッチができないオペレーターもいますので、その場合は、タイピングソフトなどを使って、暇な時間帯に練習させます。

・研修機会の提供

目標を達成できるために必要な研修を実施していきます。電話がかかってこないアイドルタイムを利用して、業務知識研修や後処理短縮のための研修をしていきます。

・１ｏｎ１の実施

オペレーターとの１ｏｎ１を実施し、何が問題で目標値に届いていないのかを話し合い、今後どうやって目標値に近づけていくのかを話して、合意していきます。

・後処理が速いオペレーターのモニタリングをさせる

私がマネージャーだったセンターでは、こんなことがありました。

そのセンターでは、後処理時間がＫＰＩの１つになっていました。ＫＰＩの管理能力は、ＳＶにとって常に問われることになります。そのセンターの後処理時間の目標は、3分でした。新人オペレーターは、対応履歴の入力時にカテゴリー選択で迷ってしまったり、どう書けばよいのか迷ったりするため、時間がかかります。新人さんだと5分かかることもざらな状態です。センターの後処理時間もなかなか目標を達成できないでいました。

ある日、後処理時間のデータを眺めていた時のことです。オペレーターのOさんの後処理時間だけ異常に短いことに気づきました。平均3分かかるところ、Oさんは30秒もかかっていないのです。いくつかの対応では、ほぼ0秒で入力を終えています。もしかして、ズルをして、対応履歴の入力を大幅に省略しているのではないかとか、データの誤りかと思い、確認してみることにしました。しかし、データは間違っておらず、また、履歴は、他の優秀なオペレーターと同じくらい、いや、それよりしっかり入力されていたのです。

私は、Oさんにお願いして、入力作業をモニタリングさせてもらうことにしました。他のオペレーターは、必要事項をメモ用紙に手書きで書いたものを参考に、電話を切った後にあーでもない、こーでもないと言いながら入力していますが、Oさんは、電話対応しながら、パソコンのメモ画面を開き、既にお客様の履歴を入力し始めているのです。電話を切る頃には、ほぼ入力も終わっている状態でした。早速、Oさんのやり方を横展開すべく、他のオペレーターにもモニタリングさせることにしました。すると、今まで目標達成できなかった後処理時間を達成できることになったのです。

Column

達成者も未達成者も公表

ＫＰＩの管理能力は、ＳＶにとって必要不可欠なスキルと言えます。「設定したＫＰＩを達成させる方法で何がありますか?」とＳＶに聞くと、すぐに達成者への表彰制度などが挙がります。一見、表彰でオペレーターのＫＰＩ達成へのモチベーションが上がるように思われますが、現実には毎月同じオペレーターが表彰されてしまい、反対に全体のモチベーションが低下することも少なくありません。

チームでＫＰＩを達成しようとした場合、３つのポイントがあります。

まずは「可視化」です。通常業務に没頭してＫＰＩへの意識が薄れることを回避するには、数値を常に意識できるよう可視化することが大事なのです。オペレーターやＳＶが必ず通る場所にあるホワイトボードなどに大きく掲示します。目標値と実績値はもちろん、目標を達成したオペレーターの氏名とデータを貼り出します。当然ながら新人は既存オペレーターに数値上、劣ることが多いため、目標達成者は既存オペレーターと新人オペレーター（入社半年以内などの定義が必要）に分けて掲示するとよいでしょう。もちろん、目標の数値自体も既存と新人とで分けておく必要があります。私は、目標未達成者も貼り出します。「未達成のオペレーターは辞めてしまうのでは」という意見が出そうですが、目標未達成者は、名前は公表せずにデータのみを貼り出すのです。こうすることで、本人に恥をかかせることなく、自覚させることができるからです。

2つ目のポイントは「競争心」です。チームの後処理時間の目標はどのように設定していますでしょうか?

全体の平均値から少し上の数値を設定するセンターが多いのではないでしょうか。それではオペレーターの競争心は芽生えません。約7割のオペレーターが達成できる数値に設定してみるとよいです。達成できる人があまりに少ないと「達成できないことが当たり前」となりますが、7割が達している中で到達できていないのであれば、「悔しい」と感じるはずです。「自分も達成してホワイトボードに掲示されたい」「褒められたい」と思わせることが重要です。達成したオペレーターの成功体験とそれに対する憧れが競争心を生むのです。

最後は「SVの本気度」です。最終的には、SVが強く目標を達成したいと思っているかどうかにかかっています。以前、「繁忙日(3月第3週月曜日)の1日あたりの着信件数は平常時の約4倍(4000件)」というセンターにいたことがあります。センター開設以来、目標応答率の85%を達成したことはありませんでした。オペレーターの増員や休憩時間の管理をはじめ、あらゆる準備をして当日を迎えました。朝礼で改めて協力を依頼し、スタートを切りました。受電開始当初は予想通りでほぼ100%対応できていましたが、午前10時を過ぎると積滞数が常時10~20本となり、応答率も低下し始めました。朝から待機時間もなく、電話を取り続けているオペレーターも疲労しはじめます。集計レポートシステムで30分ごとの応答率と累積の応答率を見ると、11時の時点で、既に目標応答率を15％以上も下回っています。そうした状況で、ＳＶが私に「応答率は70％を切りました。ずっと積滞が続いているし、もう無理です、諦めましょう」と弱音を吐きました。私は「目標値は下回ったけれど、何とか目標達成したいね！　まだやれることはあるはず。諦めずに最後まで頑張ろう！」と励まします。その後、私自身もＳＶやオペレーターに指示してフロアコントロールを行い、ＳＶはシフト管理やアシスタントＳＶの受電などあらゆる手を尽くしました。普段は午前と午後で10分ずつ小休憩を設けていましたが、この日はオペレーターに小休憩なしの協力をお願いして、最後まで目標達成にこだわったのです。結果、午後から徐々に盛り返し、最終的には応答率87％を達成しました。

翌朝、朝礼で応答率の結果を発表すると、オペレーター全員から自然と大きな歓声と拍手が起こりました。いつもは静かな朝礼ですが、「おー」というどよめきが起きたのです。目標達成に対する喜びとその共感は、何物にも代えられません。ＳＶの「最後まで諦めない気持ち」が結果につながりました。ＳＶが目標達成を諦めれば、目標は達成できません。「目標数値を是が非とも達成したい」という気持ちが最後の砦となるのです。

3. 業務量予測の基本とシフト作成

(1) 人員を管理する必要性

コンタクトセンターは、他部署に比べ、人員数を厳しく管理しています。それは、コンタクトセンターができた当時、"コストセンター"、つまり、利益を生み出すことなく、コストだけがかかる部署から出発していることに起因しています。業務量が予定していた人員数より多ければ、業務は積滞しますし、反対に配置している人員数に比べ、業務量が少なければ、オペレーターは暇を持て余すことになります。そのため、特にコンタクトセンターでは、応答率の目標値を80%〜95%に設定して、忙しすぎず、暇過ぎずでコントロールしているのです。これにより、コンタクトセンターにおける稼働率は、おおむね80%〜85%が適正値になります。稼働率が85%を超えるとオペレーターへの負担が増大し、危険領域に入りますし、反対に80%を下回っても暇な時間ができ、危険領域に入っていきます。ちなみに稼働率の計算式は、諸説ありますが、通話時間+保留時間+後処理時間+待機時間+その他時間(リンギングタイムといって、システムからオペレーターに電話がつながるまでの

図5-6　稼働率

通話時間	保留時間	後処理時間	待機時間	その他時間	離席時間
ログイン時間					

$$\text{稼働率} = \frac{\text{通話時間} + \text{保留時間} + \text{後処理時間} + \text{待機時間} + \text{その他時間}}{\text{総ログイン時間} - \text{離席時間}}$$

わずかな時間のため、無視してもよいです）を総ログイン時間から離席時間を引いたもので割った数値になります（**図5-6：稼働率**）。

(2) 余剰人員が発生時の対処方法

では、センターを運営している時に入電量が極端に減り、オペレーターが余剰となる状態が発生してしまったら、SVはどうすればよいでしょうか？

講じることができる策は、複数あります。

研修を実施する、eラーニングを受講させる、早上がりできる人を募る、プロジェクト活動をさせる、ミーティングを実施する、座談会を行う、モニタリングをさせる、マニュアル整備をする、シフトの見直しを行う、サイドバイサイドのモニタリングをする、出社日をコントロールする、片付けをさせる、清掃をさせる、他業務をさせる、面談をする、ナレッジ構築をさせる、業務知識テストを実施する、チームでディスカッションさせるなど――いろいろできます。

(3) 積滞時の対処方法

では、積滞時、つまり、入電量が増え、今いるオペレーターの数では到底対応できない業務量が入ってきた場合、SVはどうすればよいでしょうか？

アシスタントＳＶに緊急受電してもらう、簡易の後処理入力ルールを導入する、後処理を後回しさせる、スクリプトを見直す、メールやＷＥＢ上で混雑時間案内をする、ＩＶＲで待ち時間案内をする、ＦＡＱに誘導する、折り返し対応にさせる、営業時間延長・営業日拡大、クロスセル／アップセルを中止する、ツール支援、追加採用する、早出・残業依頼をする、小休憩の中止や時間の変更を行う、ランチ時間の変更を行う、研修やミーティングを中止するなど――こちらもいろいろな施策が実行できます。

大事なことは、余剰人員が発生した場合も積滞時が発生した場合も、事前にＳＶがやるべきことを決めておくということです。私は、センターの着信状況のレベルに応じて、実施すべき施策を決めていました。その場になって考えるのではなく、あらかじめ計画して実行することがＳＶには必要なのです。

⑷シフト作成のコツ

シフト作成は、ＳＶの頭を悩ますもとであるだけでなく、時間も労力もかかる作業です。本当は、ＷＦＭ（ワークフォース・マネジメント）というボタンひとつでシフトの作成をやってのけるシステムが導入できればよいのですが、欧米で作られているシステムだと日本の労働条件に合わなかったり、また、システムも高額ですし、センターの人数規模もある程度大きくないと、費用対効果の点でも導入が難しかったりします。そのため、多くの現場では、エクセルベースでシフトを作成しています。

シフト作成は、オペレーターの希望を取り入れる希望シフト制と、あらかじめ毎週○曜日の○時〜○時のように、働く曜日や時間を相談し、固定して勤務する固定シフト制で運用されている現場がほとんどです。

どれも一長一短があり、ＳＶはシフトの作成と調整に苦慮しますが、希望シフト制で運用したほうがシフトが埋まりやすいのは事実です。ただ、夜間や土日祝日など、人気のないシフトもセンターによっては存在し、なかなか人員が埋まらず、ＳＶがオペレーターに手当たり次第、あたってみるのをよく見かけます。入社面接の時点や導入研修の際などに、必ず週１回は夜勤に入るなどのルールがあることを事前に決めて伝えておき、オペレーター全員が少しずつそうした不人気シフトを埋めるような、公平な仕組みを作っておくことです。特定のオペレーターばかりに負担がかからないように配慮してあげる必要があります。

(5) シフト調整のコツ

シフト調整は、まず、シフトの過不足をゼロにすることは非常に困難であることを認識する必要があります。冬など、センター内でインフルエンザが流行して、複数人のオペレーターが急遽欠勤することもあるからです。主婦層の多いセンターですと、子どもの関係で急に早退することも発生します。まずは、シフトの過不足が発生する場合を想定して、時間単位または日単位で許容範囲を決めておくことをオススメします。

シフトをオペレーターに発表した後は、オペレーターの体調不良による休みや子どもの学校行事で急遽シフトを休まなければならなくなった際などに、他の交代要員を見つけるなど調整が必要となります。SVがシフトの調整をしてもよいのですが、大型のセンターですと、調整だけでも一苦労のため、オペレーター同士のシフトの交換も認めたほうがオペレーターの満足度も高く、シフトの充足率も良くなります。ただし、オペレーター同士によるシフト交換は、こんな問題も発生してしまいます。シフト調整をオペレーター同士に任せたのですが、代わってあげたオペレーターが欠勤してしまったことがあります。交代をSVが把握していなかったために、2人とも休んでしまう結果となり、その原因が判明するまでに相当の時間がかかってしまいました。シフト交代の希望掲示板を作って、代わってもらえるオペレーターを探しやすくしてあげるのは良い取り組みと言えますが、シフト交代した場合、必ずSVに報告させるなどのルールを徹底させることです。

4. まとめ

第5章では、SVが業務を管理するうえで必要なスキルについて、学びました。マニュアルとトークスクリプト作成では、新人オペレーターが見ても分かりやすいように作成することが必要です。KPI管理では、1つのKPIに惑わされることなく、関連しているKPIを見つけることが大切です。業務予測やシフト作成では、人員余剰時や積滞時は、その状況になってから対策を講じるのではなく、事前に対策を準備しておくことが必要です。

第 6 章

SVの専門スキル
人材管理編

第6章では、センターの人材管理に関する具体的なスキルを学んでいきます。オペレーターのマネジメント方法や人材育成の4つのステップ、そしてコロナ禍で浸透したリモートワークについて、学んでいきます。では、やっていきましょう。

1. オペレーターマネジメント

(1) 年上のオペレーターの対応

新人SVは、業務の経験年数から、知識ではベテランオペレーターに勝てないことをまず自覚しなくてはいけません。SVという役割になると、つい偉そうな態度をとったり、上から目線で話してしまったりして、ベテランオペレーターから総スカンを食らってしまう人もいます。SVとして認めてもらうには、ベテランオペレーターに相談する形を取るのがよいです。何か問題があれば「どうすればいいと思いますか?」と聞いてみることです。

もちろん、知識で勝とうとしないことは、業務知識をつけなくてよいということではありません。SVとして、エスカレーションに対応できるだけの深い業務知識は身につける必要があります。そのためには、日頃からオペレーターから質問されたことをメモに取ったり、マニュアルを確認したりするなど、知識習得を欠かさないことです。

ベテランオペレーターへ対応する2つ目の注意点は、過剰に持ち上げないことです。自分より年輩のオペレーターには、相応の敬意を払った対応をすべきですが、過剰に褒めるのは逆効果になってしまいます。

業務を知らなければ、オペレーターは「業務を知らない人に指導されている」「自分が理解していない仕事ばかり頼んでくる」と考え、信頼を損なってしまう可能性があります。現場の悩みや考えを理解するためにも、SVは定期的にお客様対応を経験し、業務知識を身につけておくとよいでしょう。ベテランオペレーターであるほど、フィルターを通して判断したり、トークスクリプトから外れてお客様に遠回りな説明をしてしまっているケースは結構多いです。SVは日頃から知識を身につけ、ベテランオペレーターに対しても説得力ある指導ができるようになることが大切です。

(2) ズルをするオペレーターの対応

私がセンターにいた時、自分の現在の電話のステータスを離席や後処理にしたままサボるオペレーターがいました。繁忙時間帯に電話を取りたくないので、わざとゆっくり後処理作業を行うのです。悪質なケースでは、画面上のソフトフォンステータスを他の画面で隠して電話を取らないようにしていたオペレーターもいたことがあります。リアルタイムで状況を確認し、不自然なステータス遷移（通常は、受付可能→通話→後処理の繰り返し）や、どこか一点のステータスに時間がかかりすぎている場合、トラブルの可能性もあるので、その都度確認し、声掛けすることが必要です。

こうした場合、データを見せながら注意しなくてはいけません。過去のデータや同時期に入社しているオペレーターの数値と比較して示すことで、自分の行動が見られていることをオペレーターが自覚するからです。そして、なぜズルをしてしまうのか原因をよく聞いてみることです。よくよく聞いてみると他に原因があったりします。

別のケースでは、24時間運営しているコンタクトセンターでマネージャーをしていた時のことです。そのセンターは夜勤があるのですが、夜勤の際に、SVが仮眠で不在になっている時（午前2時から5時くらいまで仮眠室で仮眠をとります）を狙ってオペレーター（以下Aさんとします）が寝ているという噂がセンターで広まり始めたのです。

その噂は、程なくして、マネージャーである私の耳にも入ってきました。

私の耳に入ってきた段階では、既にオペレーターからの苦情に発展していて、現場のSVからも指導してもらえず、一緒に働いていて、とても不愉快な気持ちになっているというものでした。

夜勤のSVも、そういう情報を仮眠後や勤務終了後にオペレーターから聞いて、Aさんに注意したいと思ったらしいのですが、SVが仮眠で不在の時にAさんが寝ているから、当然、注意することができません。夜勤SVがAさんに「まさか寝てないよね？」と聞いても、とぼけるばかりです。ベテランオペレーターであるAさんは、他のオペレーターに「言うなよ」という睨みを利かせていたので、なかなか事実を把握できませんでした。夜勤SVに分からないようにズルをしていたのです。

同じ時間帯にAさんと一緒に働くオペレーターは見ていて、とても腹立たしいし、モチベーションも下がるという話でした。それは、当然ですよね。その噂を耳にした私は現場を確認することにしました。業務終了後、私は一旦、自宅に帰り、再度、真夜中3時頃、「こんばんは」とセンターを訪問してみました。

他のオペレーターは、「やったー」という顔をしています。静かに執務エリアに近づくと……噂通り、Aさんは、言い訳のできないような露わな格好で寝ていたのです。例えるなら、亀の産卵のような格好で、椅子に座って、顔を上に向けて、大きな口を開けて寝ているのです。

私がAさんに声を掛けると、Aさんは目を見開き、あまりにもびっくりして、口をあんぐり開けて、私を見るだけです。しばし流れる沈黙。

Aさんもまさか、寺下が、こんな夜中にやってくるなんて思っていなかったと思います。早速、Aさんを個別に呼んで注意しました。最終的には1カ月後、退職に至りましたが、その場を捉えて注意したことで、一緒に働くオペレーターからの信頼度は、かなり高くなりました。

正しいことを褒め、正しくないことをした場合には、きっちり叱るということは、当たり前のことなのですが、とても重要です。それができないと、SVがどんなにスキルが高かったとしても、オペレーターの人心は掌握できなくなります。もし、この問題に直面した時、私がそれを見て見ぬ振りをしていれば、周りのオペレーターの士気にも影響して、優秀なオペレーターが大量に退職していたかもしれません。

オペレーターは、見ていないようであなたのことを見ています。特にSVであるあなたの行動や言動をじっと、実は見ているのです。だからこそ、悪いことをしたオペレーターがいた時にきちんと叱ることは、センター全体の就業環境を改善することにもなるのです。

(3) 重度の注意は午前中に

勤務態度が悪い、よくお客様を怒らせるなど、問題を起こしがちなオペレーターと面談する時、相手に遠慮して遠回しに注意してはいけません。「相手に嫌われるのではないか」と思うと、正面を切って話せなくなってしまいますが、「あなたの言動や行動によってセンターや周りのオペレーターに迷惑がかかっている」ということを直接、はっきりと伝えることが大切です。

問題を起こすオペレーターには気の強い性格の人が多いため、オペレーターとSVは互いに感情的になってしまうこともあるでしょう。気をつけなくてはならないのは、感情的な状態のまま面談を終わらせないことです。面談の最後には、必ず今後の期待を伝えます。どのようなオペレーターにも良い点は必ずあります。そこをしっかり褒め、「あなたの力がセンターにとって必要です。だからこそ、ぜひここを改善してほしい」と真剣に伝えることです。

私は、オペレーターに注意する時間帯は極力、午前中にしています。仮に相手が不満を抱えたまま面談を終了してしまったとしても、午後からコミュニケーションでフォローできますし、本人のメンタル面でも会社にいる間にリカバリーする可能性が高いからです。
以上、ベテランオペレーターや問題を起こすオペレーターの対応方法について具体例を交えて紹介しましたが、実際の問題に直面した際、逃げないことが大切です。言いにくいことは誰でも同じですが、遠慮や恐れることなく対応してほしいと思います。

(4) SVになれないオペレーターの対応

センターにこんなSVのHさんがいました。Hさんは、オペレーターからSVに最近昇格したのですが、これまで同僚だったオペレーターのMさんとうまくいかなくなってしまったのです。以前は、Mさんと仲も良かったし、ランチも一緒にとることが多かったのですが、SVに昇格してからというもの、なぜかMさんから避けられてしまったのです。Mさんは、質問があっても、Hさんが近くにいても質問せず、少し離れたSVの所に行って、確認しています。Hさんは、Mさんと以前のような良好な関係に戻ることができるか悩んでいたのです。

私は、人間関係に悩むHさんにこうアドバイスをしました。

寺　下：「これまで仲良かったMさんとどちらかが会社を辞めない限り、毎日顔を合わせるわけですから、まずは関係を修復したいんですね」

Hさん：「はい」

寺　下：「そうなるためには、Mさんがあなたから離れていった理由、つまり、Mさんがあなたを避けるようになった理由を明らかにする必要があると思う」

人間関係によって、ストレスを感じる人もいます。私がたくさんの現場を見てきて、こういう事例が過去にありましたので、紹介してみたいと思います。自分に当てはまるかどうかチェックしてみてください。

①Mさんも実はSVになりたかったけど、Hさんのほうが先に昇格してしまい、Hさんに対して嫉妬している

これは、コンタクトセンターではよくありがちな事例です。特にHさんがオペレーター時代、Mさんのほうが業務知識を持っていたり、また、モニタリングスコアがHさんより良かったり、Hさんより対応件数が多かったりするとなおさらです。こんな時、Mさんは、こう思うのです。「私のほうが業務はできるのに、なんでHさんがSVに……」。しかし、HさんがSVに登用された訳は、業務知識量の有無やオペレーションの速さなどでなれたのではありません。オペレーターとSVでは、求められる役割が異なります。Hさんは、SVとして適任だと思われたからSVになれているのです。反対にMさんは、適任ではないからSVになれていないのです。HさんがSVになれているのは、例えば、新人オペレーターの面倒見がよかったり、他のオペレーターとのコミュニケーションを上手に取れていたりして、今後、SVとして期待できると思って、声が掛かったのです。

以前、私がいた現場でこんなことがありました。

あるオペレーターのDさんがSVに昇格したのですが、それについて腹立たしく思っているEさんがマネージャーだった私に文句を言いにきたことがあります。「なんで、あの人がSVなんですか？」その言葉の裏側には、こういう意味が隠れています。「なぜ、私がSVになれないのですか」。私は、業務では優秀だったEさんをSVにすることはありませんでした。なぜかといえば、自分のことしか考えられない人は、SVにしてもうまくいかないからです。私がその現場を異動した後もEさんがSVになることはありませんでした。

もし、MさんがHさんに対して、嫉妬しているとするなら、Hさんはあまり気にしないことが得策です。なぜなら、Hさんが気にしたところで、状況は何ひとつ変わらないからです。ただ、Hさんにもできることがあります。それは、MさんがもしSVになりたいと思っているのなら、Mさんをはじめ、SVになりたいと思っている人のサポートを全力でしてあげることです。

続いて、こういう原因が考えられます。

②昇格した途端、HさんのMさんに対する接し方が変わってしまい、Hさんと一緒にいることが不快に感じるようになった

SVになると、これまでの対応の仕方が変わってしまうSVも少なからずいます。自分はそのつもりはないのですが、相手から見ると、「上から目線で話をしてくるなぁ」と感じたり、「そんな言い方

しなくてもいいのに」と思うような言い方になっていたりして、Mさんのように自然と距離を取るようになったりします。

もし、自分に心当たりがあるとすれば、それを今後、改善していけばいいと思います。どう改善していけばいいかですが、ポイントは３つあります。

１ 自慢話はしない

嬉しいことや楽しいことがあると、つい周りに言いたくなりますが、実は、相手にとっては、それが自慢話だと思われてしまい、相手を不快な気持ちにさせてしまうことがあります。例えば、クレーム対応でお客様を論破したことを自慢げに話すＳＶもいたりしますが、お客様を大切に思っているオペレーターは、そうした話を不快に感じてしまいます。オペレーターの前では、自慢話はしないことです。

２ ＳＶだからといって偉そうにしない

ＳＶに昇格すると、偉くなったような錯覚に陥ってしまい、オペレーターへの対応がオペレーター時代とはまったく異なるようになる人もいます。昔、私もＳＶだった時、オペレーターを支えているのは自分だとか、センターを運営できているのは自分がいるおかげだと、ある意味、天狗になっていた時期がありました。しかし、実は、自分がセンターを運営していたのではなく、オペレーターが中心となって運営してくれていたのです。私がそれに気づいたのは、ずっと後のことでした。ＳＶだから偉いのではありません。センターを支えていたのは、自分ではなく、Ｍさんをはじめ、オペレーターであるということを頭の片隅に置きながら仕事をするとよいです。

3 プライベートはいつも通り、でも仕事はSVらしく

プライベートは、いつも通り同僚として接すれば問題ありません。ただし、センター内で一緒に仕事をする時は、SVとして接する必要があります。センター内でプライベートのように仲良く接してしまうことは、他のオペレーターに影響を与えてしまうからです。オペレーターは、SVの動きをつぶさに見ています。接し方が公平でなければ、オペレーターの口から不平や不満が自然と出るようになります。仕事上は、どのオペレーターにも公平に接することです。プライベートでも、一点気をつけてほしいことがあります。それは、ランチを誘う時、特定の人だけを誘わないことです。オペレーターの中には、自分もSVとランチをしたいと思っている人もいるのです。ランチは、SVにとって仕事の一部だと考え、他の人にも声掛けするようにしましょう。

③ 心当たりもなく、まったく原因が分からない場合

どうしても気になるのであれば、Hさんは自分が悩んでいることを打ち明け、Mさんの率直な気持ちや本音を、タイミングを見て聞いてみることです。直接聞きにくければ、Mさんの仲の良いオペレーターに何気なく聞いてみることです。ただ、今回のケースの場合、Mさんが本音で話してくれるかどうかは分かりません。

大切なことは、HさんがMさんに対し、今まで通りでいることです。これまで仲が良かっただけに、Mさんのことは、気にはなるでしょうけど、気にしないことです。Hさんが以前と同様、今まで通りで接していれば、Mさんもいつか気づいてくれると思います。

2. 人材育成

(1) 人材育成4つのステップ(準備→提示→実行→評価)

SVがオペレーターを育成する際、ヒントとなる育成方法があります。それは、元連合艦隊司令長官の山本五十六の有名な言葉に大きなヒントが隠されています。

「やってみせ、言って聞かせて、させてみて、ほめてやらねば、人は動かじ」

とても有名な言葉なので、あなたも一度は聞いたことがあるのではないでしょうか。この言葉の中には、人を育成する際のポイントがすべて詰まっています。

オペレーターを育成するには、4つのステップ、つまり「準備」「提示」「実行」「評価」の4つを踏まえて育成していけば、早期に育てることができます。まず「マニュアルなどの教える準備をして」「ロールプレイングで見本をやって見せる、いわゆる率先垂範をして」「実際にロールプレイングで本人にやらせてみて」「どうだったか結果についてフィードバックする」というやり方。このサイクルを意識的に回していけば、オペレーターを早期に育成することができます。

ステップ1は、「準備」です。まず、オペレーターを育成するには、準備が必要です。オペレーターに教えるには、教えるためのマニュアルを用意したり、トレーニングの計画を立てたり、教えるべきポイントを予習したりすると思います。

次に、ステップ2「提示」です。オペレーターに教えるSVが、自らお客様対応などを実際にやってみせる。これが、いわゆる提示です。単に「やってみて」とオペレーターに言うよりも、お客様対応を実際にやってみせるほうがとても説得力があります。ああやったほうがいいとか、こうやったほうが上手くいくとか、あれこれ言っているよりも、やってみせると100倍くらいの効果があります。その際、作業の理由をセットできちんと教えてあげるとよいです。

続いては、ステップ3「実行」です。オペレーターに教えたことを実際にやらせてみます。SV側がやってみせるだけではなく、本人にやらせてみると、最初はスムーズにできなくても、少しずつ自信もつきますし、達成感も味わうことができます。

最後に、ステップ4「評価」です。つまり、結果のフィードバックです。できていることはもちろん褒め、こうしたらもっと良くなるといった改善したほうがよいことを率直にフィードバックしてあげます。褒められると誰でもうれしいものです。だから、良いところを見つけたら、すぐ褒めてあげることです。そうすれば、オペレーターも少しずつ自信がつきますし、SVからの指導も受け入れられやすくなります。当然、新人オペレーターもはじめから完璧な対応ができるわけではないので、できるようになるまで辛抱強く待つことです。SVは、それを自分の目と耳で確認して、少しでも良い変化が見られたらすぐに褒めるとよいです。間違いを修正するのは、その後でも全然大丈夫です。

実を言えば、この４つのステップの重要度は同じではありません。４つの中でも重要度が異なるのです。どれが一番重要だと思いますか？

実は、一番重要なステップは「評価」です。すなわち、最後のフィードバックが４つのステップの中で一番大切なのです。

褒めることが得意なＳＶはたくさんいますが、きちんと叱ったりすることができるＳＶは、意外と少ないです。褒めるのは、オペレーターも悪い気はしないのですが、それだけではオペレーターを成長させることはできません。

しかし、最近は、叱れないＳＶが増えつつあり、その結果、叱れないＳＶについて、どう指導していいか分からないと言って、センター長から私のところに多くの相談が寄せられています。

フィードバックの際、叱ったりすると、職場の雰囲気を壊してしまうのではないかとか、その後が気まずくなってお客様対応に支障をきたすのではないかと思ってしまいがちですが、叱ることもオペレーター育成に必要な指導法です。これまでの経験で言えば、叱る時は、本気で叱ればいいです。ただし、１つ条件があります。オペレーターの成長を願いながら、叱ることが大切です。怒る、つまり感情をぶつけたりするのは、厳禁となります。

叱ったりしたら、オペレーターから嫌われるのではないかとか、センターで仕事がやりづらくなるのではないかとか、心配になる人も多いと思います。しかし、叱った後にそれを引きずらずに普通に接し、フォローをきちんとすれば、時間もあまりかからずに元通りになります。余計な心配はしないことです。

もちろん、褒めることも忘れてはいけません。教えたことがきちんとできた時や素晴らしい対応をしたと感じた時には、しっかりと褒めることが大切です。そしてその際には、叱る時と違い、みんなの前で褒めることです。褒める時は、みんなの前で徹底的に褒めることを忘れないことです。

Column

泣いて馬謖を斬る　～オペレーターに行う正しい賞罰とは～

あなたは、「泣いて馬謖（ばしょく）を斬る」という言葉をご存知でしょうか。一度は聞いたことがある言葉かもしれません。三国志の話に出てくるのですが、蜀の国の丞相（今の時代で言えば大統領のようなもの）であった諸葛孔明が魏の国と戦った時、腹心の部下だった馬謖が孔明の命令に違反して、異なる陣形をとったため、蜀の国の存続が危うくなるほど魏の国に大敗してしまいました。孔明は軍の法律に従い、涙を流しながら、とてもかわいがっていた馬謖の首をはねたことから、この言葉は生まれたと言われています。

以前、センターでこんなことがありました。

私がいた24時間365日稼働しているセンターで、優秀なオペレーターのYさんがいました。Ｙさんは、物覚えは誰より早いし、対応件数も誰より多く、モニタリングの点数も高いなど、優れたオペレーターです。新人さんの面倒見もよく、夜勤も積極的に入ってくれたり、急な残業依頼にも快く応じてくれる、ある意味、ＳＶにとってはありがたいオペレーターでもありました。

しかし、Ｙさんには、唯一、大きな欠点があります。それは……センターのルールを守れないのです。ある夜勤シフトの時のことでした。Ｙさんの仮眠時間が終わり、交代してＨさんが仮眠室に行きました。数分後、仮眠室に行ったはずのＨさんがセンターに戻ってきました。

Ｈさん：「寺下さん、お仕事中、すみません。……あんなんじゃ寝れないんですけど……」

寺　下：「どういうこと？」

Ｈさん：「だから、あんな状態じゃ、全然寝れないんですけど。仮眠室、見てきてくださいよ（怒）」

寺　下：「ん!?　よく分かんないけど、何!?」

Ｈさん：「直接、行って見てきてください!!」

言われるがまま、仮眠室に行きました。

仮眠室のドアを開けて、びっくり。

餃子の匂いが部屋中に充満していたのです。冬だったこともあり、暖房の熱気と相まって、すごい匂いになっているのです。仮眠室では、夜勤のオペレーターが交代してベッドで仮眠を取るため、飲食をしてはいけないルールになっていました。食べ物の匂いで寝られなくなってしまうオペレーターもいるからです。Yさんは、そのルールを破ったのです。リフレッシュルーム（休憩室）で食べればよかったのですが、リフレッシュルームで食べず、仮眠室で晩ご飯を食べてしまったのです。センターに戻り、Yさんを個別に呼び出し、問い詰めます。

寺　下：「ちょっと確認だけど、仮眠室で餃子食べた？」
Yさん：「は、はい……ダメでした!?」
寺　下：「匂いがすごいことになってるよ。仮眠室で飲食したらダメって知ってるよね？」
Yさん：「だって、広いリフレッシュルームの中で、深夜に1人でごはん食べるの怖いし、嫌なんだもん」
寺　下：「テレビとかつければいいじゃん。他のオペレーターもいるんだし。あんな匂いじゃ、次の人、寝れないでしょ？」
Yさん：「そうかなぁ……私は、全然平気。普通に寝れますけどね」

そして、数日後、こんなことがありました。
センターが入居するビルの1階に数台の車が停められる駐車場がありました。全員分の駐車スペースはないので、オペレーターは、その駐車場を使ってはいけないルールになっていました。
しかし、Yさんは遅刻ギリギリになると、センター前にある駐車場にこっそり車を停めるのです。

寺　下：「さっき窓から見てたけど、下の駐車場に車停めたでしょ!?」

Yさん：「ばれました!?　だってー、間に合わないかと思ったんですよー。危なかった、セーフ！」

寺　下：「ここに停めたらいけないルールじゃなかったっけ？」

Yさん：「もともと今日は休みの日だったし、SVから頼まれて急遽シフトに入ったんで、それくらいいいじゃないですか」

寺　下：「シフトに入ってくれたのはありがたいけど……でもなぁ……」

それから数日後、Yさんの契約の更新時期が迫ってきました。

私は、いろいろ考えた末、Yさんの契約を期間満了で終了することに決めました。予想していましたが、SVからは猛反対されました。

SVから「Yさんみたいなありがたいオペレーターはなかなかいないですよ。新しい業務もすぐ覚えてもらえるし、新人さんの面倒見もいいじゃないですか。電話の件数も他のオペレーターより倍近くさばけるんだから」とか、またあるSVは、「夜勤とか、どうするんですか!?　シフトが埋まらなかったら、寺下さんに夜勤入ってもらえます？」とか言ってくる始末です。いろいろな反対意見がありましたが、自分の決断は揺るがず、Yさんとの契約は更新せず、期間満了で終了しました。

どんなに優秀なオペレーターでも、どんなに貢献度の高いオペレーターでも、えこひいきしてはダメなのです。特別扱いすれば、センター全体の士気に影響してしまうからです。

Yさんがセンターを去り、数日経ったある日のこと。

あるベテランオペレーターのBさんの面談の時にこんなことを言われました。

Bさん：「寺下さんは知らなかったでしょうけど、実は、Yさんは退職が決まってから、リフレッシュルームで寺下さんの悪口をすごい言っていたんですよ。毎日、朝出社したら寺下さんの悪口、ランチの時も寺下さんの悪口、帰りのロッカールームでも寺下さんの悪口。帰り道も……ずっとです。聞かされているこっちがうんざりするくらい酷い悪口です。……でも、私たちオペレーターはみんな、Yさんの話に全然耳を貸さなかったんです。だって、Yさんは、確かに仕事ができるかもしれないけど、ルールは破ってばかりで、私たちはそれを見る度、嫌な気分だったんです。だから……Yさんの契約終了を寺下さんが決めたって話をSVから聞いた時、オペレーターみんなで、ここで働いていて良かったね！　きちんと見てくれていたんだねって言ってたんですよ。ハハハ」

SVは、褒めることができても、必要な時に罰することができなければ、できるSVとは言えません。良いことをしたら、きちんと褒め、ルールに反することをしたら、罰することをしなければ、ルールは守られません。センターのモラルも低下してしまい、オペレーターも勝手気ままにするようになってしまいます。また、罰する時も重過ぎてしまえば反感を買うだけですし、軽過ぎても効果がありません。そのさじ加減と言うか、バランスが実に難しいと思いますが、私は罰する時、たった1つだけ気をつけていることがあります。

それは……何だと思いますか？

私は、罰する時に個人的な感情は挟まないようにしていることです。たとえ、どんなに仲の良いオペレーターが相手であっても、公平にやるようにすることが大切なのです。

(2) 新人オペレーターのトレーニングの方法

新人に「分かった？」は聞いてはいけない

ＳＶが新人オペレーターをトレーニングしていく際、やってはいけないことがあります。それは、新人さんに「分かった？」と聞いてはいけないことです。なぜ、「分かった？」と聞いてはいけないかというと、新人オペレーターは、仮に分かっていなくても、ＳＶが「分かった？」と聞けば、「分かった」と答えてしまうからです。では、どうやって、スキルの習得を確認するのかですが、行動で判断すればいいです。オペレーターの実際のお客様対応であったり、パソコンの入力作業の様子を見て、研修で学んだことが本当に分かっているかどうかを判断すればいいです。

専門用語・略語は使ってはいけない

次に新人オペレーターを育成する際、気をつけるべき注意点として、専門用語や略語を使ってはいけないということです。研修の際、ついＳＶは、専門用語や略語を使ってしまいがちです。業務をよく分かっているため、自然と出てしまうのです。しかし、新人オペレーターからすると、何を言っているのか分からないため、理解することができなくなってしまいます。よく分かりやすい言葉でトレーニングしなさいと言われても、では、どれくらいのレベルで話をすればよいか分からないと思いますので、お伝えすると、「中学生が理解できるレベル」で話をすればよいです。

せっかくなので、センター内でよく使われる専門用語、略語をいくつか出してみたいと思いますので、分かりやすい言葉に言い換えてみてください（**図6－1：言い換えクイズ**）。

大きな仕事は分割して教える

特に大きな仕事を依頼された時は、小さい単位に小分けすることです。仕事をなるべく小さい単位

図6-1　言い換えクイズ

Q 下線部を言い換えなさい

① この業務は、SVの○○さんの**キャパシティ**を超えているよね。

② 今日の会議の**アジェンダ**は、どうなっている?

③ SVの業務知識不足がセンター運営課題の**ボトルネック**になってるな

④ あの**タスク**の進捗状況はどうなった?

⑤ 今日のSV会議、一応、みんなに**リマインド**をしておいてくれる?

⑥ これは、SVに**エスカレーション**したほうがいいね

⑦ 正直言って、**タイト**なスケジュールだ

⑧ オペレーター全員に**ナレッジ**を習得させる仕組みを考えてください

⑨ 来週のミーティングなんだけど、別の会議が入ったから、**リスケ**をしておいてくれる?

A 解答

① この業務は、SVの○○さんの**これ以上は対応できないレベル**を超えているよね。

② 今日の会議の**取り上げるべき議題**は、どうなっている?

③ SVの業務知識不足がセンター運営課題の
これがあるとどうにもならないような一番の問題になってるな

④ あの**やらなければいけない作業**の進捗状況はどうなった?

⑤ 今日のSV会議、一応、みんなに**忘れていないか念押しの確認**をしておいてくれる?

⑥ これは、SVに**分からないことや困ったことについて相談**したほうがいいね

⑦ 正直言って、**スケジュールの空きがなく、時間的余裕がない**スケジュールだ

⑧ オペレーター全員に**業務に関する知識**を習得させる仕組みを考えてください

⑨ 来週のミーティングなんだけど、別の会議が入ったから、
スケジュールが合うよう日時の変更をしておいてくれる?

に分け、教えていく必要があります。

では、ここで演習問題を1つやってみましょう。

机の上にあるペットボトルに入ったお茶をコップを使って飲む行動を、できる限り小分けにしてみてください。先に読み進めずに一度やってみてください。

いかがでしたか？　10以上の行動に分解できていたら、日頃、自分が依頼を受ける大きな業務も分解して考えることができており、教え方も工夫できていると言えます。

ちなみに参考回答としては、**図6-2：業務の細分化（197頁参照）**の通りです。皆さんは、日常生活では、きちんと小分けにすることができているのですが、仕事になると異なるようです。例えば、海外旅行に行くとなった場合、旅行先の名所を調べたり、パスポートを取得したり、情報誌を買ったり、旅行会社で飛行機や宿泊先の予約をしたりしますよね。プライベートでは、きちんと小分けにできるのに、仕事になると途端にできなくなってしまうのです。大きな仕事を受けた時は、小分けにして考えてみる、これがポイントです。

以前、こんなことがありました。

ある地方センターの立ち上げを命じられた私は、立ち上げのプロジェクトミーティングに参加することになりました。ミーティングに参加すると、驚いたことに、そのメンバーの中に社長がいたのです。大型のセンター立ち上げということもあり、社長の肝入りのプロジェクトということで参加されていました。

プロジェクトの定例ミーティングで、私は、社長からこんな質問をされました。

社長：「寺下、今度の新センターの立ち上げでは、新人オペレーターの教育はどのように考えているんだ？」

寺下：「東京センターと同様の育成方法で考えています」

社長：「なるほど。では、新人オペレーターは、どれくらいでデビューさせる予定なんだ？」

寺下：「東京では、デビューまでに2カ月かかっており、2カ月くらいを予定しておりますが、オペレーターを現地採用する関係上、場合によっては、2カ月以上かかってしまう可能性があります」

社長：「今の半分で育成する方法を考えてくれ。もしそれができないのなら、今回の育成プランは承認しない」

寺下：「……」

通常、オペレーターをデビューさせるのに2カ月かかっているにもかかわらず、それを1カ月でやれという指示です。この難しい問題を解決して、新センターを立ち上げたわけですが、その時に気づいたポイントが3つあります。

図6-2　業務の細分化

◎手順が10個未満……
細分化が苦手で、具体的に何をすればよいか分からない人。何をすればよいか分からず時間がかかっている

◎手順が10個以上19個未満……
細分化はある程度できるが、細かい手順までは把握できていない。何をすればよいかは、分かっているものの可視化できていないので、少し時間がかかっている

◎手順が20個以上……
細分化できている。具体的な行動まで落とし込めているので、このまま継続すべし

1	机の上にあるペットボトルを見る
2	ペットボトルに利き手を伸ばす
3	利き手でペットボトル上部をつかむ
4	ペットボトルを手前に持ってくる
5	利き手と反対の手でペットボトルをつかむ
6	利き手でキャップをつかむ
7	キャップを反時計回りで回して、フタを開ける
8	取ったキャップを机の上に置く
9	利き手でペットボトルをつかんだままペットボトルを少し上げる
10	利き手と反対の手でコップをつかむ
11	コップを手前に引き寄せる
12	ペットボトルをコップの上に移動させる
13	ペットボトルの注ぎ口を下にして少し傾ける
14	お茶が少しずつ出てくる角度で一旦止める
15	コップにお茶が入っていく様子を見る
16	コップの7〜8分目までお茶が入ったら、ペットボトルの傾きを元に戻す
17	利き手と反対の手をコップから離す
18	ペットボトルを机の上に置く
19	ペットボトルから手を離す
20	利き手でキャップをつかむ
21	利き手と反対の手でペットボトルをつかむ
22	キャップをペットボトルの口まで持ってくる
23	キャップをペットボトルの口にかぶせる
24	キャップを親指と人差し指と中指を中心にして全体でつかむ
25	キャップを時計回りで回して、フタを閉める
26	キャップから手を離す
27	ペットボトルから手を離す
28	利き手でお茶の入ったコップをつかむ
29	コップを自分に引き寄せる
30	コップの飲み口を口の下に持ってくる
31	お茶を飲むサイズで口を開く
32	コップをお茶が出てくる角度で一旦止める
33	お茶を口の中に入れる
34	味わいながら、お茶を飲む
35	満足したら、コップを垂直に戻す
36	利き手でコップを机の上に置く

1 学ぶべきことをステップに分け、段階を踏んで教える

社長から通常2カ月かかる新人育成期間を半分にしろと言われたら、あなたは、どのように対応するでしょうか。

1週間くらいの短縮であれば、なんとか効率化を図ってやれそうですが、半分の期間ですと、今までの延長線上で考えても実現することはできません。つまり、小手先の改善では、できないのです。そこで、ゼロベースで研修を組み立てることにして、育成期間を半分にすることにしました。当時は、マルチスキル対応のオペレーターを育成するための研修になっていましたので、そのやり方ですと、当然、最低2カ月分かかってしまいます。

そこで、私は、身につけるべきスキルを4つのステップに分けることにしました。

Aというのは、一番簡易な問い合わせ対応です。A→B→C→Dと進むに従い、問い合わせ内容がだんだん難しくなっていきます。Aが対応できたら、次はBの問い合わせ対応へといくわけです。段階を踏ませることで、できるオペレーターをどんどんスキルアップさせていきます。

まだ当時は、他拠点でも同じ問い合わせ対応をしていましたので、新センターは、まずAの問い合わせをさせ、他拠点は難しいマルチスキルのD（普段はA～Dすべての対応をさせますが、Aを除くBCDの対応をさせました）の対応をさせるような仕組みで新センターを徐々に自立させていったのです。新人さんには、できるまでの道のりをステップに分けて、段階を踏んで成長させていく、これ

が新人育成の実は一番の近道なのです。

２ 最初にたくさん教えない

覚えてもらわなければならないものがたくさんあるのだから、最初から全部教えるのが当たり前じゃないの？　と思う方も多いのではないでしょうか。

しかし、あなたがオペレーターだったとしたら、一気に詰め込み型で教えられて、覚えられるでしょうか？

特に求められる業務知識量が多いセンターのＳＶは、
「自分は、そうやって覚えてきた」
「自分ができるなら、みんなもできるはず」
「やってもらわないことには何も始まらない」
と口々に言います。

覚えてもらわなければいけない業務知識が多いと、頑張って教えなきゃという気持ちになりがちですが、実は、誤解しています。

何を誤解しているかというと……。

覚える量が多いと、最初にたくさん詰め込みがちですが、それが逆効果なのだということです。これに気づいていない人は、とても多いのです。

だから、めちゃくちゃ詰め込もうとします。例えて言うなら、既にお腹いっぱいの人に、「チャーハン大盛りを食べて！」と言っているようなものです。

そうこうしているうちに、「私には、こんな大量の業務知識を覚えることは絶対に無理」、そう言ってオペレーターは辞めていきます。だから、最初からはたくさん教えないのです。少しずつ教え、覚える量を徐々に増やしていく、これがコツです。

3 習得すべきものを可視化して、トレーナーと一緒に確認していく

短期間でオペレーターを育成していくために、もう1つの施策を講じました。新人オペレーター（トレーニー）とトレーナーが相互確認して、できたところを一緒に印鑑を押しながら確認していくことにしました（**図6-3：新人オペレータートレーニングシート**）。

覚えてもらう項目がずらっと一番左の欄に書かれているのですが、A4用紙1枚にまとめて、新人オペレーターに渡しておくのです。

トレーナーがいなければ、先輩オペレーターなどのOJT担当者でも構いませんが、研修を実施したら、「これ、やったよね！」と言って、トレーナーとトレーニー欄にそれぞれ一緒に印鑑を押していきます。

図6-3　新人オペレータートレーニングシート

		トレーニング内容	実施日	トレーナー	新人オペレーター
電話対応	1	通話開始時、明るくオープニングの挨拶と名乗りができているか	2/3	寺下	前田
	2	必要な情報をすべてヒアリングしており、ヒアリングの際に復唱しているか	2/3	寺下	前田
	3	電話を保留にして、お客様情報を検索する際、お客様に保留の理由を伝えているか	2/3	寺下	前田
	4	お客様情報をシステムで検索し、正しい情報を探し出せているか	2/4		
	5	過去の対応履歴を確認できるか	2/4		

なぜ、こんなことを始めたのか。それは、何をやっていて、何をやっていないのかを明確にして可視化することが大切だからです。新人オペレーターも、この用紙があれば、

「あっ、もうちょっとで私もデビューできる！」とか、「ここやってないから、まだデビューは先だな」と認識できるのです。

教える側のトレーナーや先輩オペレーターも、「あっ、まだここ教えてないなぁ」とか、「今日は、ここはできるようになりましょう」と、これを見ながら確認することができます。

大切なことは、教えるべきことを整理して、可視化することなのです。

(3) 着台判定

着台判定は数値で測定する

座学研修とOJT研修を終えると、いよいよ着台判定、つまり、1人でお客様対応ができるかどうかのデビュー判定をしなければなりません。多くのセンターでは、先輩オペレーターやSVが、オペレーターが1人で対応できるかどうかを判定することになりますが、着台判定表を作成していないと、何となくという〝感覚値〟で判断することになります。これだと判定を受けるオペレーターは困ってしまいます。合格できればよいですが、合格できなかった時、何がダメでデビューできなかったのか、原因が分からないからです。そのため、着台判定表をセンターでは作成することが必要です（図6-4：着台判定表）。

着台判定表作成の3つのポイント

着台判定表がないセンターは、早急に作成する必要があります。作成する際のポイントは3つです。

1 可視化

まず、1つ目が可視化することです。お客様対応をするのに必要なスキルの棚卸しをして、チェック表を作成します。まず見える化することが大切です。

図6-4　着台判定表

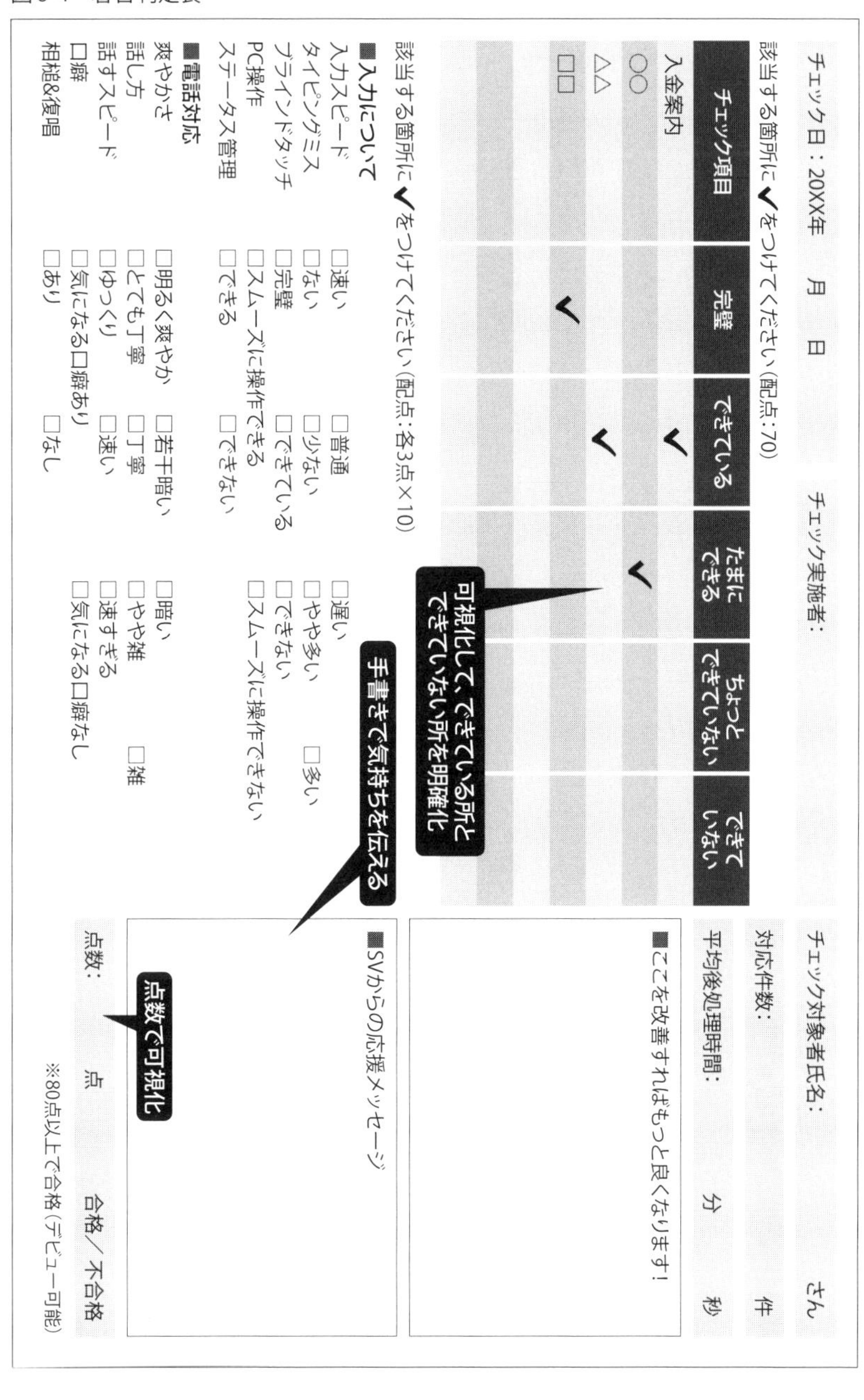

チェック日：20XX年　月　日　　チェック実施者：　　チェック対象者氏名：　さん

該当する箇所に✔をつけてください（配点：70）

チェック項目	完璧	できている	たまにできる	ちょっとできていない	できていない
入金案内		✔			
○○			✔		
△△		✔			
□□	✔				

対応件数：　件

平均後処理時間：　分　秒

■ここを改善すればもっと良くなります！

■SVからの応援メッセージ

点数：　点　合格／不合格

※80点以上で合格（デビュー可能）

該当する箇所に✔をつけてください（配点：各3点×10）

■入力について

入力スピード	□速い	□普通	□遅い	
タイピングミス	□ない	□少ない	□やや多い	□多い
ブラインドタッチ	□完璧	□できている	□できない	
PC操作	□スムーズに操作できる		□スムーズに操作できない	
ステータス管理	□できる	□できない		

■電話対応

爽やかさ	□明るく爽やか	□若干暗い	□暗い	
話し方	□とても丁寧	□丁寧	□やや雑	□雑
話すスピード	□ゆっくり	□速い	□速すぎる	
口癖	□気になる口癖あり		□気になる口癖なし	
相槌&復唱	□あり	□なし		

2 数値化

2つ目は、点数化することです。できている、できていないではなくて、80点以上は合格とかのように点数で分かるようにします。

つまり、数値で判定することです。できているところ、できていないところを点数化するのです。

3 応援メッセージ

最後の3つ目が、手書きの応援メッセージです。頑張ってほしいという気持ちを手書きのメッセージで書くのです。これは、オペレーターの奮起を促します。字が多少汚くても問題ないです。大切なことは、オペレーターを本気で応援しようとする気持ちです。

事例：手書きの応援メッセージはオペレーターを奮い立たせる

誰でも応援メッセージをもらうと嬉しいですよね。以前こんなことがありました。センターの入室カードや社員証を首からストラップでかけていることが多いと思いますが、ある時、目の前にいたオペレーターの社員証の裏に見慣れないものがチラッと見えたのです。

寺　下　：「それって」

オペレーター：「何でもないですから（カードをさっと隠す）」

寺　下　：「気になるー。見せて、見せて」

オペレーター：「もう、恥ずかしいから」

と言いながら見せてくれたのは、私がそのオペレーターの着台判定をした際、判定表に書いた手書きメッセージを切り抜いたものでした。それを社員証の裏に入れていたのです。

オペレーター：「仕事で大変な時や、嫌なことがあった時、それをちょっと見るだけで、元気が出るんです」

そう言っていました。パソコンでメッセージを書いてもいいですが、字が下手でも、手書きのほうが、オペレーターへの気持ちが十分に伝わります。

3．リモートワーク対応

２０２０年のコロナウイルス感染拡大に伴い、コンタクトセンターの運営は、大きく変わることになりました。これまでリモートワークは難しいと思われたコンタクトセンターでもリモートワークが導入され、それに伴い、マネジメントの仕方も大きく変化することになりました。これまで対面でオペレーターとコミュニケーションをとっていましたが、Slackや社内のチャットツールなどでコミュニケーションをとることが多くなりました。ＳＶは、対面式よりも、コミュニケーションをとる頻度を高くする必要があります。コンタクトセンターでリモートワークがまだ実現できていないセンターは、コロナが解消したとしても、SVが経営層に対して企画を提案して、実現できるように進めていく必要があります。なぜなら、コンタクトセンターの採用難は今後も続く傾向にあり、そのような状況においては、リモートワークができることにより、応募数が大きく変わるからです。リモートワークをしているセンターとそうでないセンターでは、3倍くらいの差があると言ってよいでしょう。

(1) セキュリティの担保の方法

リモートワーク実施の際、1つ懸念されるのは、セキュリティ、つまり、お客様情報の管理です。リモートワークを推進することは、個人情報が漏れる可能性が高まると考えてしまいがちだからです。経営層の多くはまだ、個人情報漏洩を恐れて、リモートワークの実施を決断できないでいます。

個人情報を漏らさないようにするために、ハード面では、自宅であたかも会社でパソコンを操作しているように仮想デスクトップで対応させる、ソフト面では、オペレーターへ情報の漏洩を防止するための啓蒙活動（研修など）をしたり、お客様情報管理に関する誓約書を交わしたりするなど、いろいろやれることはあります。

いくらセンター側で努力しても、故意に個人情報を漏らそうとする人は、非常に少ないですが、残念ながら現実に存在しますので、常日頃から目を光らせておくべきです。

(2) コミュニケーションの取り方

リモートワークを導入したセンターで一番問題になったのは、コミュニケーションです。リアルに出社していた場合には、ＳＶはオペレーターの様子を直に、表情や言動などを確認することができます。また、オペレーター同士も電話がかかってこないアイドルタイムに雑談したり、わからないことを聞き合ったりすることができました。しかし、リモートワークになると、そうはいきません。オペレーターは1人で、自宅で粛々と電話を受け、後処理をやって、また電話を受けてというループを繰り返すだけになります。そうなると、オペレーター同士やＳＶとオペレーターとの会話量がだんだんと減ってくることになります。リモートワークを導入して、会話量が減った結果、メンタルダウンしたオペレーターもいたくらいです。そのため、ＳＶとしては、リモートワークの場合、会話量を増やす努力をしないといけません。リモートワークであっても、朝礼や昼礼、夕礼の参加やチャットでの雑談ができるような仕組みを整えてあげないといけないのです。

4. まとめ

第6章では、人材管理方法について学習しました。年上のオペレーターには、人生の先輩であることの配慮が必要ですし、ズルをするオペレーターには、率直に注意することが必要です。人材育成は4つのステップでやると効果的に育成できます。4つのステップのうち、特にフィードバックが重要です。リモートワークでは、個人情報の管理に目を光らせつつ、コミュニケーション量を増やすことが必要です。

Column

経験したことがない問題にSVが直面した時に取る行動パターンとは？

現場においては、SVは、これまで経験したことのない問題に直面することも多々あります。その際、あなたは、どのように対応するでしょうか？　1つ演習問題をやってみたいと思います。では、早速、問題です。

あなたは、あるコンビニエンスストアチェーンの運営をサポートするコンタクトセンターのSVです。センター長から突然、日本にあるすべてのコンビニの市場規模について聞かれました。セキュリティの関係から外部との通信も制限されているセンターのため、インターネットなどで調べることはできません。5分後に開催される会議で必要な数値らしく、センター長から即回答するように求められています。日本にあるすべてのコンビニの年間の売上額はいくらでしょうか？

まず、読み進めずに、きちんと5分間計って、答えを考えてみてください。

この問題の解答から、SVの現場の動きや仕事の仕方、つまりSVのタイプが見えてきます。

◎タイプその1、具体的金額を提示しない

売上額を答えなさいと言われているのに、解答しないで逃げてしまう人です。そんなあなたは、問われていることに答えられない人で、マネージャーやセンター長から一番嫌われるタイプです。

◎タイプその2、金額の提示はしたけど、理論的説明はない

説明を省略したり、ざっくりした計算式で説明してしまうタイプの人です。例えば、5000億円と回答し、理由も5000億円としか記入されていない。つまり、結論は5000億円だけど、理由は5000億円だからですと平気で言ってしまうあなたは、上長から「君の言っている意味がまったく分からない」とか言われたり、上長から細かいところをつっこまれて、自滅するタイプです。

◎タイプその3、金額の解答はしたけど、「約」という言葉で答える人

計算すると丁度4000億円なのに、「約」4000億円とつい報告してしまう、そんなあなたは、細かい仕事になると粗が出てしまったり、上長に説明する際に詳細を誤魔化すタイプの人です。

◎タイプその4、金額の提示をして、提示額について理論的説明もできている人

問題解決力の素養があり、今後、センターでの活躍を期待できるタイプです。ちなみに、さらにきちんと読む相手に対して気配りができる人は、3桁以上の数値が出た時に、数字に「,(カンマ)」を付けることができます。

問題解決力があり、カンマを付けることができたSVは、100人中10人でした。意外と少ないですよね。

ここであなたに言いたいことは、ビジネスに正解はないということです。

私の参考回答は、こちらです。

コンビニの市場規模

=コンビニの利用者数×1人あたりの年間購入額
=日本の全人口×コンビニの利用者の割合×1人あたりの年間利用回数×平均購入単価
=日本の全人口×15歳~65歳までの生産年齢の人口の割合×1人あたりの週間利用回数×52週間×平均購入単価
=1億2000万人×0・6×5×52×600
=11兆2320億円

今回のコンビニの問題で言えば、金額がいくらであってもよいのです。ちなみに、日本フランチャイズチェーン協会によると、２０２３年度（２０２３年1〜12月）のコンビニエンスストアの市場規模は11兆６５９３億円です。この金額に近かったと言って、喜ばないようにしてください。金額は、高くても低くても別にいいのです。近い金額を出すことが正解ではないということです。

ＳＶは、仕事をしていると、これまでにまったく出会ったことのない問題に直面することもあります。そんな時、頭が真っ白になってしまいそうでも、仮説を自分の頭の中で考え、相手に納得感のある説明ができるかどうか、そこが問われているのです。

第7章

チームビルディング

ＳＶに就任すると、オペレーターや周りの人を巻き込み、束ね、チームとして成果を上げることが求められるようになります。第7章では、ＳＶによるチームビルディングの効果的な方法を学んでいきます。

1. ＳＶに求められるチームビルディング

(1) 名オペレーター、名ＳＶにあらず

ＳＶになると、1人で仕事をするというよりは、他のＳＶやオペレーターと協力しながら、仕事をしたり、目標を達成するための行動が求められるようになります。個人で成果を上げるというよりは、チームで成果を上げていくことが求められるのです。私は、ＳＶにチームワーク力があるかどうかを判断するために、ペーパータワーというワークショップを取り入れています。ペーパータワーは、Ａ4用紙20枚を使って、たった1分という限られた時間で、紙のタワーをどれだけ高く立てられるかをチームで競うゲームです。

ペーパータワーのルール

チームは、3人～4人1組で取り組んでもらいます。ペーパータワーを立てる時間は、たった1分

間ですが、その前に作戦会議の3分間を各チームに与えます。その3分間は、たった1枚の紙だけを渡して、チームメンバーと紙の折り方やタワーの立て方を議論してもらい、本番に挑んでもらいます。

もう少し詳しいルールを説明します。

【ルール】

1、タワーを作る前に各チームで3分間の作戦会議を行ってもらいます。作戦会議中は、事前に渡したA4用紙1枚の紙しか触ることができません。

2、紙は、切ったり、折ったりなど何をしてもいいです。

3、計測が終了するまで、タワーが立っていなければいけません。計測までに万一倒れてしまった場合は、無効となります。

4、作戦会議中、パソコンやスマートフォンなどによるWEB検索は禁止です。

5、タワーは、自立して立っていなければなりません。何かにもたれかけたり、手で支えたりすることはできません。

以上のルールを参加者に伝え、徹底させます。違反したチームは失格とします。

本番ではルールに従って、たった1分間で、20枚のA4用紙で他のチームより高く紙のタワーを立ててもらいます。実際にやってもらうと分かりますが、8割以上のチームは、タワーを立てることができません。立てられても、1段（20㎝〜30㎝）から高くてもせいぜい3段くらいです。ほとんどのチームは、まったくタワーを立てられず、0㎝というチームも多数出てきます。この差は、どこにあるのでしょうか。チームワーク力のあるチームとそうでないチームとで、どこに差があるのかをまとめてみますと、以下のようになります。

まず、チームワーク力のあるチームの特徴はこちらです。

・紙を折る人と紙を立てる人の役割分担が明確になっている
・何段まで立てるかチームで目標を設定して、イメージしている
・他のチームに勝つための方法を検討している
・他のチームの紙の折り方を作戦会議中に偵察している
・短い時間の中でも計画を立てており、計画通りいかない場合も柔軟に対応できている

一方、チームワーク力のないチームの特徴は以下の通りです。

・紙を全員で折ったり、全員で立てたりしている
・紙をまとめて折らず、1枚1枚折っている
・何段まで立てるかゴールを設定していない
・自分のチームのことで頭がいっぱいで、他のチームがどのくらいの高さまで立てているかを意識していないし、見てもいない

・目の前のことに一生懸命で、他のチームの作戦会議中に偵察したりはしない
・タワーを立てている1分間、焦ってばかりいる

右記のような差が現れます。ペーパータワーのワークショップをさせると、ＳＶのチームワーク力の有無がはっきりと出ますし、分かるのです。

一流のＳＶと三流のＳＶのペーパータワーの結果

これまで、ペーパータワーは、４００回を超える回数をやってきて、分かったことがあります。それは、ほとんどのＳＶは、タワーを最大でも3段くらい（高さにして、Ａ４用紙2枚分の高さである40㎝～60㎝程度）までしか立てられないということです。焦りすぎたＳＶは、タワーを崩してしまい、結局０㎝だったということも少なくありません。

ＳＶの視座を高める方法

ＳＶは、広い視野で物事を見ることが苦手です。目の前にある業務については、よく見えているのですが、センター全体を俯瞰的に見るのが、実は苦手とするＳＶがとても多いです。

では、SVが広い視野で物事を見られるようになるにはどうすればよいでしょうか。

よくビジネス書には、2つ上の役職になったつもりで物事を見てみるとよいといったことが書かれていたりしますが、2つ上の役職になんてなったことがないから、よく分からないというのが正直なところです。では、どうすればよいかといえば、隣のチームがどんな仕事をしているのかを知ることから始めればよいと思います。そうすることで、SVの視野は少しずつ広がっていきます。

400回以上、ペーパータワーをやってみて判明した数値は、以下のようになっています（**図7-1：ペーパータワーの高さ（目安）**）。SVは、マネージャーやセンター長より高く紙のタワーを立てることができません。これは、SVは広い視野で物事を見ることができないからです。現に、ほぼ全チームのSVが作戦会議中に他のチームの戦略を偵察したりせず、自分の目の前のタワーを立てることに精一杯となっています。他のチームが折角高く立てるコツを話していても、そのヒントに気づかず、自分たちのやり方でやろうとします。そのため、SVは、ペーパータワーを平均60㎝しか立てることができないのです。なお、チームワーク力のあるチームは、天井近い高さ（2m以上）まで、わずか1分間

図7-1　ペーパータワーの高さ（目安）

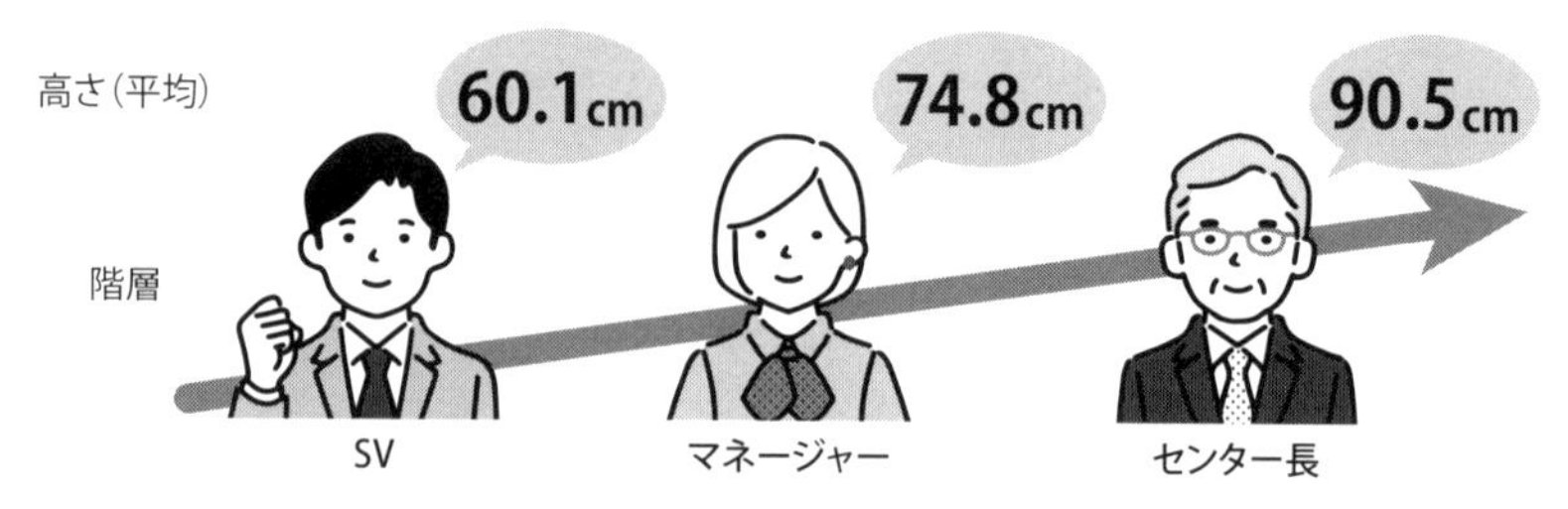

で立てていきます。

(2) 1人で出せる成果は限られる

オペレーター時代は、個人で成果を出すことが求められますが、SVになると、チームでの成果が求められるようになります。1人で出せる成果は限られており、オペレーターや周りの同僚SVの協力を得ながら、より大きな結果を出していく必要があります。大きなセンターのマネージャーをやっていた時、オペレーターの手挙げ対応やオペレーターのシフト作成など、200人を超えるセンターだとやるべきことがたくさんありました。1人で抱えてはパンクしてしまうような業務量になりますので、周りの人の協力が不可欠です。そうした協力を得ながら、SVは仕事をしていく必要があります。

人心を掌握する

オペレーターの気持ちをつかめなければ、チームとして成果を出すことはできません。

三流のSVは、オペレーター時代に優秀だったこともあり、個人で仕事をするのは大の得意です。

しかし、チームをまとめるSVの立場になった途端、成果が出せなくなるのです。

まさに「名オペレーター、名SVにあらず」とはこのことです。

また、三流のSVは、SVに昇格すると、オペレーターの時に持っていた気持ちを忘れてしまうようです。

一方、一流のＳＶは、ＳＶ個人としてはもちろんのこと、オペレーターをまとめ上げ、チームとしての成果も出すことができます。オペレーターのこともよく観察しており、オペレーターごとにモチベーションがどこにあるのかをつぶさに見ています。

モチベーションごとに柔軟に対応方法を変えているのです。

もし、あなたがセンター長だったとして、ある人をＳＶにするかどうか悩んでいた時、最後に決める基準は何でしょうか？

この人をＳＶにしていいかどうか判断する最後の基準は、何だと思いますか？

私は、「自分を犠牲にできるか」で判断しています。

１つ役職が上がると分かります。

役職が上がって得したなというのは、多少給与が上がるくらいで、どちらかというと損な役回りが多いです。

・常にＳＶは、オペレーターの話題となり、悪口の格好のターゲットにされる（特に飲み会やランチなどで）

・目標が達成できないと、すぐＳＶのせいにされる

・オペレーターが何か問題を起こすと、ＳＶが代わってお詫びなどする

どこのコンタクトセンターでも多くはそんなものです。ちなみにＳＶに昇格したあなたも、オペレーターの話のネタにされています。

どんなにスキルが高くても、最後、この人をＳＶにするかとか、マネージャーにするかとか決める際、私は、そのほんのちょっとしたことなのですが、自分を犠牲にできる人かどうかを見ています。

自分を犠牲にできる人かどうかをどうやって見ているかというと……。

例えば、こんな些細なことだったりします。

私がセンターの立ち上げ業務をしていた時は、外出が多く、出張も結構ありました。

出張の際は、必ずお土産をセンターに買っていきます。今まで何十回と出張に行っていますが、欠かしたことは一度もありません。

ヤフーの北九州センターの立ち上げの時は、毎週のように北九州に行っていましたが、毎回、お土産を持っていきます。センターの責任者から、「寺下さんは、先週も来てもらって、その時もお土産もらってますし、もう次回からお土産は買ってこなくていいですよ。また来週も来ていただきますし」

と言われましたが、その次の週も、性懲りもなくお土産を買っていきます。

そして、また「もういいのにー（笑）」と言われますが、また出張があると買っていきます。出張の手当ても会社から出たりしますが、たかが知れています。ちょっとメンバーにお昼をご馳走したり、夜の懇親会で少し多めにお金を出したりすると、途端に赤字になったりします。

あるメンバーと、ある飲食店にランチに行った時のことです。

メンバー：「寺下さん、何食べます？」
寺　下　：「せっかくだから、地元のもので、おいしいもの食べようよ」
メンバー：「そうですよね！　結構高いですけど、これにしようかな（ボソボソ）」
寺　下　：「僕もじゃあ、それにしよう」
メンバー：「（店員さんに）◎◎を２つお願いしまーす！」

注文後、しばらくして……。

メンバー：「寺下さん、実は折り入って、お話があります」
寺　下　：「どうした？　悩み事？　まさか、会社辞めるとか言わないよね!?」
メンバー：「いいえ、違うんです。実は……今日……私の誕生日なんです!!」
寺　下　：「わかった、わかった。おごればいいんでしょ」

メンバー：「（満面の笑みで）はい！」

みたいなことがあったりするわけです。

相手の方、または訪問する部署の方にお世話になるからと思って買うお土産。そのお土産を買えるかどうか。お金を自分の財布から出せるかどうか、そんなところで見ていたりします。

ある時、SVが数名、あるセンターに出張してきました。お土産を買ってくる人、買ってこない人、それぞれいます。ちなみにお土産の金額の多寡ではありません。買ってこようと思う「その気持ち」なのではないかと思うのです。

以前、あるセンター長から相談を受けたことがあります。

「Aさん（オペレーター）がSVになれない理由は、寺下さんは、何だと思います？」と問われました。

Aさんは、オペレーターですが、オペレーターとしては非常に優秀で、できればSVに昇格させたいようでした。

思い返してみると……。

Aさんは、以前、出張してきました。数名同時に出張したのですが、Aさんだけお土産を準備していませんでした。

勘違いしてはいけないのですが、お土産がもらえなかった不満を言っているのではありません。その心配りができるかどうかを言っているのです。どんなにスキルが高く仕事ができる人でも、そうした心配りができないと、SVに上げても苦労するだけですので、私はSVに昇格させたりはしません。仮にSVに上がっても、周りの人の人心を掌握することはできないからです。

いくら業務知識があっても、仕事ができてもダメなのです。

「名オペレーター、名SVにはあらず」です。

そのことをAさんの上長（センター長）に伝えると……。

「なるほどー、実は、私も寺下さんと同じように感じていました」と言っていました。

結局、Aさんは、SVに昇格することはありませんでした。

SVであれば、プライベートで旅行に行った際、オペレーター用にお土産を買ってきていたり、出張であれば、お世話になる部署、お世話になる人にちょっとした心配り、気遣いができるか、実は、ちょっとしたことなのですが、できる人とできない人には大きな差があります。私は、そこを見ていたりします。

気遣いとか、心配りは、教えられて何とかなるものではなさそうですが、そうした気持ちは今後も持ち続けておこうと今でも思っています。

2. ＳＶが組織作りが苦手なワケ

先ほどのペーパータワーでも分かっていただいた通り、ＳＶは、組織作りが苦手です。その理由は、3つあります。

ＳＶは、現場が好きなので、すぐ自分でなんでもやりたがりますし、人に任せることが苦手です。自分でやったほうが成果が高いし、早いと思っているからです。しかし、それだとＳＶになると、業務は務まりません。自分が出す成果と同じくらいの成果をチームで出せるようにすることが必要なのです。

Column

チームの輪

ＳＶがいざチームの輪を作ろうと思っても、なかなか難しかったりします。しかし、チームの輪というのは、ある時、センターの中で急にできる時があります。以前、こんなことがありました。

電力会社のコンタクトセンターでマネージャーをやっていた時のことです。電力会社というのは、自然災害にめっぽう弱いのです。台風、雷、地震、強風などありますと、電気が止まった途端、コンタクトセンターに電話が殺到することになります。

例えば、強風で電線が切れたりすることもありますし、雷が落ちれば、落ちた場所一帯は停電したりします。停電すると、夏ともなれば、「暑いぞー」「いつになったら復旧するの?」「どうなっているんだ?」などの問い合わせや苦情の電話がたくさんかかってくるのです。

ある時、何年に一度かの大型台風が、到来しました。

事前に予想していた通り、夜に台風が到来しました。私は、仕事から帰って、家でくつろいでいると、夜勤のSVから私の携帯電話が鳴りました。

夜勤のSV：「寺下さん。SVのSです。お休みのところ申し訳ありません。台風で……や、やばいことになっています。助けてください」

寺　下　：「分かった。すぐ行くよ」と言って、急遽、車でセンターに向かいます。

とりあえず、夜勤のSVを早く助けなくてはならないため、急いでセンターに向かいました。夜勤のSVは、待っていました！　とばかりにクレームの二次対応をしながら、私にある方向を指で差しています。

指差した先を見ると……。

応答率や着信状況を示す大型TVモニターがあります。

そこには……待ち呼700の文字。

目を2回くらいこすって、もう一度よく見てみます。何度見ても、間違いはありません。

数多くのセンターを運営していても、滅多にお目にかかれない数値です。放棄呼も数十秒おきに千単位で増えていきます。


おぉ……これは本当にやばいかもしれない。そう思いました。

早速、緊急連絡網に従って、日勤で既に帰宅したSV数名を電話で招集します。オペレーターにも電話をかけ、総動員体制です。


「ピンポーン」と、センターのインターホンが鳴りました。主婦でSVのMさんがセンターの1階に到着したので非常扉を開けて迎えます。

寺　下：「すみませんねぇ、こんな夜分に呼び出して」
Mさん：「見ないで！」
Mさんは、手で顔を覆って、顔を見せてくれません。
寺　下：「えっ⁉　どうしたんですか？」
Mさん：「だから、じっと見ないでって！」

寺　下：「えっ⁉」
Mさん：「もう化粧落としたところだったんだから……。今、すっぴんなの‼　もう……」
寺　下：「あっ……ごめん」

こんな調子で、既に寝る準備をしていたSVやオペレーターが続々と集まってきます。会社が負担してでも、オペレーターを集めなければならないので、タクシーも用意して、オペレーターにも急遽、出動要請をします。クレームも多発している大変な状態ですが、なんだかセンター内は、深夜なのに、日中のように、ワイワイと盛り上がっていきます。

総動員でやっているので、SVもクレーム対応用の人員を残して、ほとんどが電話対応に入ります。そして、オペレーターやSVも何の垣根もなしに、お互いに助け合ったりしています。

しかし、一方、事態は一向に良くなりません。
SV　：「寺下さん、放棄呼5000超えました——！　待ち呼もさらに増えています！」

時間が経過するにつれて、電力会社の作業者も停電箇所の復旧作業を懸命にした甲斐もあって、電話の問い合わせも徐々に減少していきます。しかし、台風の厄介なところは、県をまたいで通過していくところです。せっかくA県の問い合わせが収束しても、台風が進んだ方向にある隣のB県からの電話が今度は鳴り始めるのです。

結局、3日間ほど、センターに寝泊まりして対応しましたが、口では言い表しにくいですが、目には見えない絆がSVやオペレーターの間に自然とできていたように思います。

チームの輪というのは、今回の事例のように、ちょっとしたきっかけでできるものなのかもしれません。困難なことや大変なことに直面し、それをみんなで同じゴールに向かって、一緒に乗り越えたりできると、絆はより深まるのではないかなと思います。別に危機的状況がなくても、この「一緒に1つのことを全力で取り組む」というのがとても大切で、そうした経験ができると、チームの輪も自然とできるのではないかなと思っています。

3. まとめ

第7章では、SVは、オペレーターと異なり、個人ではなく、チームで成果を出すことが求められるようになると学習しました。そのため、オペレーターとして優秀であることを理由にSVに昇格させてはいけません。人心を掌握することも、SVになると求められるようになるからです。

第 8 章

経営貢献

最後の第8章では、経営貢献について学びます。長らくコンタクトセンターは、企業での位置づけは低いものでした。それは、コンタクトセンターが経営貢献できなかったことが理由であることに他なりません。コンタクトセンターは、お客様の声が集約される重要な部署であり、オペレーターの対応次第で企業のイメージも決まります。ここでは、コンタクトセンターで、どのようにすれば経営貢献できるようになるかを学びます。

1. 経営層とコンタクトセンターの方向性

コンタクトセンターは、すぐ、売り上げに貢献しないコストセンター的な見られ方をしていますが、間違っています。なぜなら、コンタクトセンターは、お客様と接する重要な部署ですし、お客様の声からサービスや商品を改善することで売り上げ拡大にも十分貢献することが可能だからです。クレームのあったお客様がコンタクトセンターのサポートを受けることで、クレームが収まり、また新たに商品やサービスを買ってくれるようになります。実際にクレームがあっても、それを対応しなければ、お客様は自社の商品やサービスから何も言わずに去っていきます。知らず知らずのうちに、自社の売り上げは下がっていくのです。

(1)経営層の方向性を知る

まず、コンタクトセンターが経営貢献していくためには、経営層の方向性を知ることです。通常は、ビジョン、ミッション、そして会社の今年度の目標を見れば、経営層が考えていることは分かります。もし、どうしても経営層が目指している方向性がわからないということでしたら、センター長を経由してでも、きちんと経営層に確認すべきです。

そして、自社のコンタクトセンターが何を目的に作られ、運用されているのかということをしっかり理解しておくとよいでしょう。それによって、センターの進むべき道も異なってきます（**図8-1：経営貢献**）。

(2)経営の目標とセンター目標の連動

経営の目指すべき方向性や目標が確認できたら、次にセンター目標の設定、見直しが必要です。既にＫＰＩが設定されているセンターは、経営層の掲げている目標とセンターの目標が連動しているかどうかを確認します。経営層の目標達成に貢献しないセンター目標を立てても何の意味もないからです。コンタクトセンターは、どのように経営貢献すべきかといったことは、昔からよく議論になりますが、目標の方向性を合致させることが必要です。例えば、経営層がスピード重視を目標に掲げていたとします。センターでは独自に、できるだけお客様には親身に寄り添い、どれだけ時間がかかっても構わないからお客様満足度の高い応対をするといった目標を掲げていたとすると、このセンターでは、経営層が求める方向性とは正反対の対応をしていることになります。経営の目標とセンターの

図8-1　経営貢献

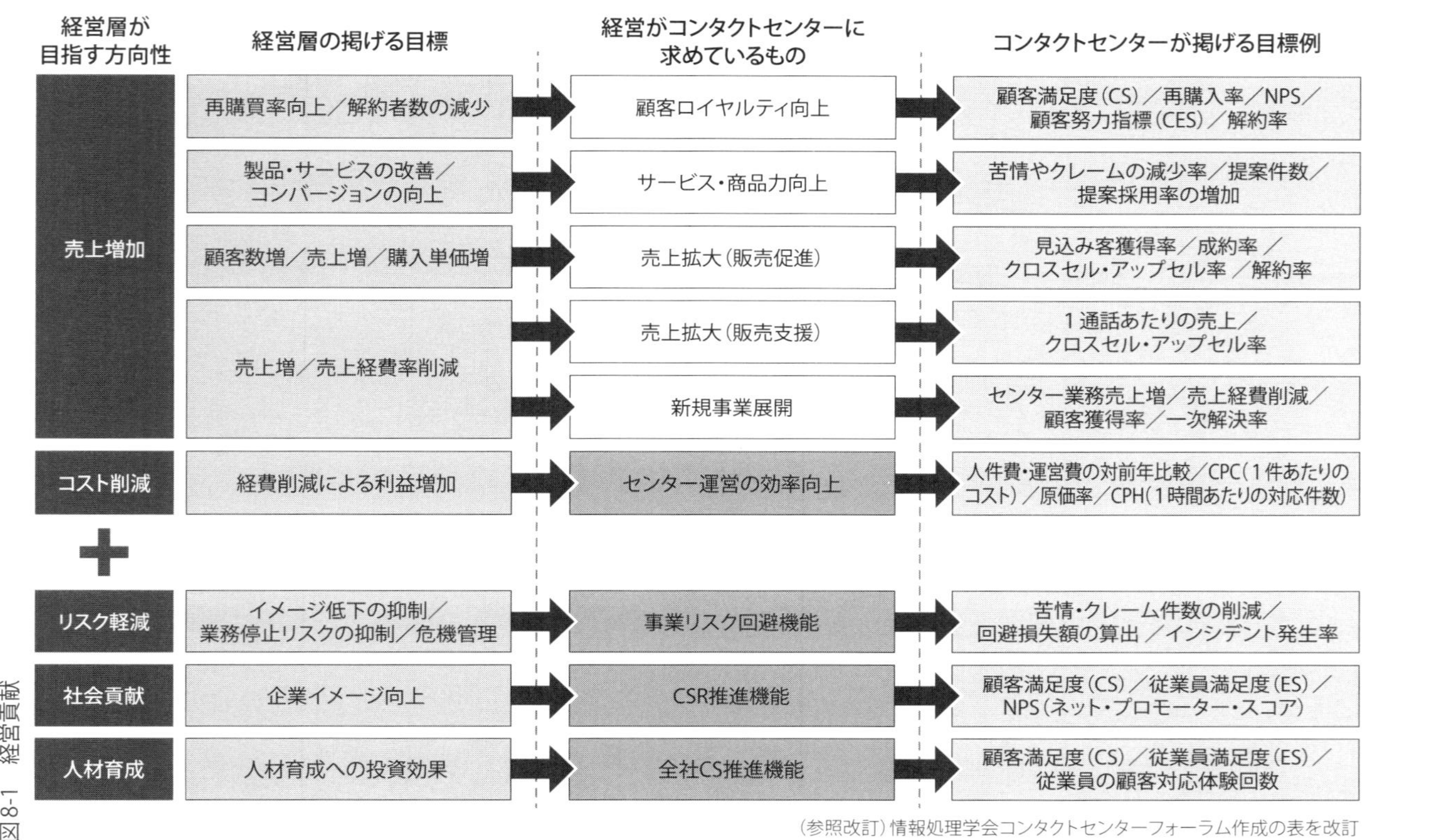

経営層が目指す方向性
経営層の掲げる目標
経営がコンタクトセンターに求めているもの
コンタクトセンターが掲げる目標例
売上増加
再購買率向上／解約者数の減少
顧客ロイヤルティ向上
顧客満足度（CS）／再購入率／NPS／顧客努力指標（CES）／解約率
製品・サービスの改善／コンバージョンの向上
サービス・商品力向上
苦情やクレームの減少率／提案件数／提案採用率の増加
顧客数増／売上増／購入単価増
売上拡大（販売促進）
見込み客獲得率／成約率／クロスセル・アップセル率／解約率
売上増／売上経費率削減
売上拡大（販売支援）
1通話あたりの売上／クロスセル・アップセル率
新規事業展開
センター業務売上増／売上経費削減／顧客獲得率／一次解決率
コスト削減
経費削減による利益増加
センター運営の効率向上
人件費・運営費の対前年比較／CPC（1件あたりのコスト）／原価率／CPH（1時間あたりの対応件数）
リスク軽減
イメージ低下の抑制／業務停止リスクの抑制／危機管理
事業リスク回避機能
苦情・クレーム件数の削減／回避損失額の算出／インシデント発生率
社会貢献
企業イメージ向上
CSR推進機能
顧客満足度（CS）／従業員満足度（ES）／NPS（ネット・プロモーター・スコア）
人材育成
人材育成への投資効果
全社CS推進機能
顧客満足度（CS）／従業員満足度（ES）／従業員の顧客対応体験回数
（参照改訂）情報処理学会コンタクトセンターフォーラム作成の表を改訂

目標を連動させるために、まず、センターの目標が経営の目標に沿った設定になっているのかを調べ、もし目標の方向性がズレている場合は、センター長などに目標設定の見直しを提案しないといけません。

2. 経営層を動かす資料の作り方

(1) 日報、月次報告書の作成のコツ

センターでは、SVが日次報告書、いわゆる日報や月次報告書を作成することが多いと思います。その際、報告書に盛り込むべき内容があります。それは、次の4つです。

① KPIの達成情報

センターで設定しているKPIがあると思います。例えば、処理件数／応答率（サービスレベル）／後処理時間／一次解決率／保留時間などの内容について、データを分析しつつ報告します。どのような目標でどのような実績だったのかを示すとともに、目標と実績との差異について数値分析を行い、実績について未達成の場合、その原因分析と対策のアクションプランを提示します。達成した時も、何が要因で達成できたのかは、分析して把握しておきます。

②センターで起きていたこと

センターで発生した内容、例えば、システムトラブル発生やお客様からのクレームの申し出で特筆すべき問題など、報告すべきことを記載します。

③センター運営上の問題点と解決策

センターを運営するうえでの問題点、例えば、ＳＶの引き継ぎの問題やオペレーションルール変更によってオペレーションミスが多発しているなどの問題について記載し、同時に解決の提案までできるとよいです。

④管理するうえでの問題点と解決策

センターを管理するうえでの問題点、例えば、オペレーターの勤怠に関する問題やハウスルールの遵守状況、リフレッシュルームの使用状況などに関する問題についての報告や解決策を提示します。

(2) 他部署を動かす資料作成の極意

よくコンタクトセンターのセンター長やＳＶが他部署に報告したり、提案したりしているのに、全然動いてくれないと言った不満を口にする人が結構います。なぜ、他部署が動いてくれないのか、実は、理由があるのです。私は、以前、提案書や報告書の提出先にヒアリングを実施して、なぜ動かないのかを調査したことがあります。

①お客様対応の専門家としての知見を示す

お客様からの問い合わせの件数だけが報告されていたり、感想ベースになっている報告書が実に多いのです。例えば、「○○のサービスで不具合があり、お客様より、今週だけで１００件のクレームがありました」といった報告です。お客様対応のプロとしては、「○○のサービスで不具合があり、お客様より１００件のクレームがありました。一般的に企業に対してクレームを主張するお客様は、全体の４％と言われており、今回の不具合では、実際のところ、１００×25倍である２５００人のお客様に影響しているものと思われます」といった専門家としての知見を出していく必要があります。件数や感想ベースの報告にならないようにするためには、常日頃からの自己研鑽が必要です。

②予測をする

よく報告書に「○○に関するお問い合わせが前週と比べ24件の増加になっています」と書かれていることが多いのですが、どこに問題があるかというと、予測がないのです。こうした場合、「○○に関するお問い合わせが前週と比べ24件の増加になっています。来週も20件前後のお問い合わせが見込まれるものの、今月末には収束するものと思われます」といった感じで、予測を行い、報告することが必要です。

③ニーズに応える

他部署が報告してほしい内容とコンタクトセンターが報告している内容にズレがある場合があります。センター本位の報告書にしないためにも、他部署の担当者にどのような報告があったら有益かを定期的にヒアリングすることです。他部署が掲げているＫＰＩについても把握し、報告内容を柔軟に変化させていくことです。

④テンプレートを改訂する

今、他部署に提出している報告書のテンプレートを見てみてください。半年前、1年前に提出した報告書と何か変化はあるでしょうか。報告書をもらう側からすると、「あ、また、この報告書か」という感じで受け取られてしまいます。3カ月～半年に1回は、報告書の書き方を見直して、改訂しましょう。メールで報告する場合は、件名を目立つようにする、例えば、「■確認依頼■5月度のコンタクトセンター報告書について」のような、見てもらうための工夫が必要です。

⑤ 鮮度の高い情報を出す

他部署がどういう動きになっているかをよく観察することです。他部署では、日単位で動いているのに、報告書が月単位で提出となると、「今さら、その情報をもらっても嬉しくない」とか、「既にもう改善している」となってしまうわけです。情報にも鮮度があり、時代遅れの報告書や提案にならないようにする必要があります。そのためにも、他部署の動きを日頃から注視すべきです。

以上、5つのポイントでした。SVが現場でやれることとしては、お客様対応のプロとして、自己研鑽を図りつつ、他部署の興味や関心を知ることです。そして、短時間で相手を理解させ、他部署が意思決定できるような資料を作成できるようになることが大切です。

(3) 経営層を動かす資料作成の極意

経営層を動かすためには、SVも資料作成の基本について勉強をしなければなりません。正直に言うと、私は、30歳の時、パワーポイントの作り方を知りませんでした。白紙の何も書いていないスライドに、どうやって文字を入力するのかすら分からなかったのです。しかし、その後、資料作成の方法を自分で勉強するようになり、ソフトバンクで学んだり、また、上手な人からフィードバックをもらうなどして、最後はヤフーの社長の資料まで作れるようになりました。今回は、ヤフー、ソフトバンク流資料作成の極意をいくつかお伝えしたいと思います。

① 1スライド1メッセージ

月次報告書などを作成する時、着信数や応答率などエクセルのグラフを貼り付けただけのスライドをよく見かけます。グラフを貼り付けること自体は問題ありませんが、そこで何を言いたいのか必ず1つメッセージをつけるようにします。

② タイトルの文字数は13文字以内にする

スライドの一番上にタイトルをつけると思いますが、その時、文字数は13文字以内にします。これは、人が目を動かさずに見れる最大の文字数だからです。ヤフーのニューストピックスは、長らく13文字以内で運用していました。最近では、ニュースを正確に伝えるために15文字前後にしていますが、タイトルは13文字以内がいいです。

③ 使う色は3色以内にする

黒色を基本にいろいろな色を使って表現したりしますが、色は多いと目もチカチカしますので、3色以内にしたほうがよいです。そして、違和感のある色を使ってはいけません。例えば、赤文字で「冷たいコーヒー」などです。色には、暖色(暖かさを感じさせる色)と寒色(冷たさを感じさせる色)があるので、それにも気をつけましょう。そして、色のルールも事前に決めておくとよいです。私は、ポジティブ（肯定的、前向き、プラス）なメッセージは青色、ネガティブ（否定的、後ろ向き、マイナス）なメッセージは赤色にするというソフトバンクルールを使って資料を作成していました。

④図やグラフ、写真は左、文字は右に配置する

実は、文字やグラフなどの配置についても基本的なことが決まっています。左目で見たものは右脳で処理され、右目で見たものは左脳で処理されています。右脳、左脳、それぞれ得意な分野が異なります（**図8-2：スライドの適切配置**）。左脳は、話す／書く／考える／計算する／分析することが得意です。一方、右脳は、感じる／イメージする／ひらめく／直感する／創造することが得意です。そのため、脳の得意分野を踏まえて、左にグラフや写真、イラストなどを挿入し、右側に伝えたいメッセージをシンプルに伝えるようにします。

図8-2　スライドの適切配置

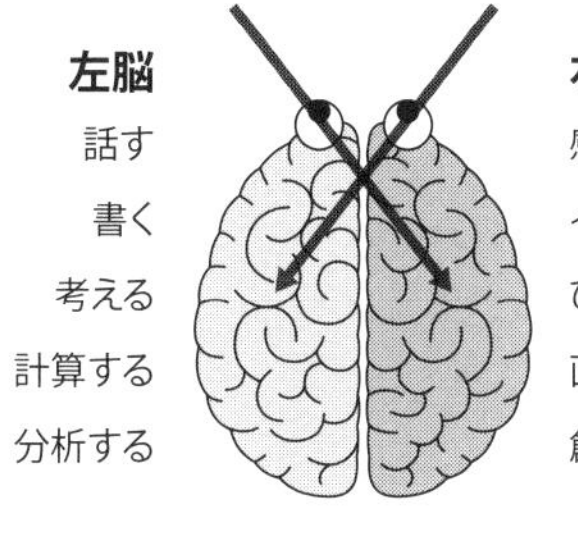

⑤ＰＲＥＰ法でシンプルに伝え、行動要請を明確にする

結論→理由→具体例→結論の順に伝えます。そして、何より最後に相手に何をしてほしいかを明確に伝えることです。日本人は奥ゆかしいところがあり、直接そうしたことを表現することが苦手です。しかし、経営層からしたら、予算がほしいのか、承認をしてもらいたいのかなど、やってほしいことが分からないのです。理解してもらうだけでいいのか、判断してほしいのか、行動してほしいのかをしっかり勇気を持って明記することです。

事例：社長を動かして、新卒社員のお客様対応体験を実施

コンタクトセンターでも、実は経営層を動かすことができることがたくさんあると私は思っています。以前、こんなことがありました。

コンタクトセンターにいると、会社の社長と話すどころか、会うことすらなかったりします。ヤフーも当時、社員が６０００人くらいいましたから、なかなかトップと直接お話しする機会はありません。というか、社内で見かけることすら、まれだったりするわけです。

しかし、ある日、社長を社長室から来客エリアにお連れする機会があり、私が担当することになりました。私がやっていた業務で、実際に社長が出るような会議に参加することも、また、提案することもほとんどありません。というか、まったくありません。

しかも、社長が参加する会議といえば、役員クラスの方が参加する会議となり、社長と1対1で話すことは、ほとんどありません。

私は、考えました。1対1で話すことができる最大のチャンスが来たなと。

しかし、私に与えられた時間は、社長を社長室からエレベーターに乗って、来客エリアまで案内するわずか数分です。社長への提案は、お客様第一の意識を社員に浸透させるために新卒社員をコンタクトセンターに連れて行き、お客様対応体験をさせるというものです。

当日。社長にお会いして、簡単に挨拶し、エレベーターで移動することになりました。

提案を早速しようと思ったその時、社長からいろいろ、別の質問をされ、提案どころではなくなりました。

しかし、こんなことでめげていてはいけないのです。

寺下：「本日は、社長に1つ提案があります。資料でご用意しておりませんが、必要であれば、資料をまとめて出させていただきます」

社長：「え、何？」

寺下：「お客様第一の意識を社員に浸透させるために、新卒社員をコンタクトセンターに連れて行き、お客様対応体験をさせたいです」

社長：「なるほど。どれくらいの期間を見込んでいるの？」

寺下：「最低限でも半年ほどと考えています」
社長：「なるほどー。しかし、半年は長いかもね。それだと業務が回らなくなってしまう」
寺下：「かしこまりました。どれくらいならＯＫでしょうか」
社長：「△△△……、××」

エレベーターの途中の階で、私の同僚が乗り込んできました。通常ですと、会話を交わすところですが、エレベーターに乗っているのは、社長と私。しかも、私は、真剣に社長にエレベーターの中でプレゼンテーションをしているわけです。同僚の顔にこんな言葉が書いてあるのが私には見えました。

「乗ってはいけないエレベーターに乗ってしまった」

ただならぬ雰囲気に、同僚は我々がエレベーターを降りるまで、ずっと沈黙していました。そして、来客エリアに着き、会議室の扉をノックするその瞬間。社長は振り返って、私に言いました。

社長：「いいんじゃない。人事に企画書出しておいてくださいよ！」


キター！　言ってみるものですね。

社長と短い時間ではありましたが、プレゼンテーションをして、その結果、実際に新卒社員を地方にあるセンターに連れて行き、お客様対応体験を実現させることができました。ヤフーのお客様対応部署は、地方にセンターがあるため、新卒数百人の旅費交通費だけでもお金は随分かかりましたが、

図8-3　数字で説明する(参考回答)

下線部を数値化してみてください	数値に置き換えると
オペレーターのAさんの対応件数が先週と比べると**多い**ね	先週比+52件と増えた
月間のSVの残業のコストが**ちょっと**減った	月間で30万円の削減ができた
ミーティングでは、**たくさん**の意見が出た	46件もの意見が寄せられた
今日は、昨日と比べると放棄呼が**少ない**	放棄呼が8件だった
研修が**良かった**	研修の満足度が90%だった

通常、「その費用対効果は?」と聞かれがちな企画にもかかわらず、OKしてくれました。経営層を動かすには、いくつかのポイントがあると思います。

それは……。

①数字できちんと説明する

「多い」「少ない」「ちょっと」「できるだけ早く」など、簡単に使ってしまう言葉があります。なんとなくニュアンスは分かるけど、結局、分からない言葉です。相手によって、多いとか少ないというのは、受け取る際の物差しが違うからです。リンゴが「多い」と言ったら、人によっては、5個だったり、10個だったりするわけです。しかし、リンゴが10個と言えば、誰にとっても10個の認識になります。「多い」「少ない」「ちょっと」などの言葉はよく使ってしまいがちなのですが、このような言葉を使ってしまうと、結局、伝えたいことが伝えられなくなってしまうのです。

これらの言葉は、すべて数値に置き換えて説明すると、相手も同じ理解をすることができます。せっかくなので、置き換えの練習をやってみましょう(**図8-3:数字で説明する・参考回答**)。

件数（10件）や割合（30％）、金額（15万円）など、すべて数値に置き換えるのです。

②短い時間で要点を伝える

基本、経営層は多忙で、あまり時間がないので、短い時間で判断してもらえる材料を揃える必要があります。時間がないのに、あれもこれも話すことはできません。結論から単刀直入に切り込み、問題点の要点や提案の要点だけを伝えることが、時間がない時には有効です。

③資料が一人歩きしてもよい内容で、本気度を伝える

資料は、提出後、一人歩きします。つまり、一度、提案書や企画書を上司や他部署などに提出すると、提出した直接の相手だけにとどまらず、いろいろな人の手に渡ってしまう可能性があります。実際、私もセンターの月次報告書を作成していたのですが、社長室から問い合わせがあり、社長室で、社長が自分の報告書を手にしていたのを見た時、そんなところまで資料はいってしまうのだなと驚いた記憶があります。そのため、資料だけを見て、何を言いたいのかを明確にする必要があります。口頭で補足が必要な資料というのは、良くないのです。そのことを前提に企画書や提案書を作成する必要があります。資料だけ見れば内容が理解できるように、分かりやすくすることです。あとは、資料にやりたいことの熱意をしっかり表すことです。熱意を持って伝えれば、経営層にも伝わる資料になると思います。本当にやりたいことであれば、伝える勇気は出てくると思います。伝えられないのは、勇気がないのではなく、結局、それは、あなたが本気でやりたいことではないのです。

3. 後継者育成

(1) 後継者を育成する5つのポイント

ＳＶ育成をしっかりやりたいと思っていても、なかなか育成するための時間が取れなかったり、どのように育成すればよいのかわからないというＳＶは少なくありません。さらに、日々発生するオペレーターのエスカレーション対応に時間を取られてしまい、本来のＳＶとしての業務に専念できずに悩んでいるＳＶも多いです。ＳＶである自分が不在の場合でも、自分と同等レベルの行動ができるような後進のＳＶを育てておけば、業務改善や品質改善、マニュアルの改訂など、日頃できないことにも着手できるようになるはずです。後継者を育成するためのポイントを５つ説明していきたいと思います。

①「信頼できる人」を見つける

オペレーターやリーダーオペレーターの中から、後進として育てられそうな候補者を選ぶことが肝要です。この時に気をつけるポイントは、「信頼できる」ことです。

具体的には、オペレーターの中で人望がある人、つまりオペレーターから「この人はＳＶになってもおかしくない」と思われている人を選ばなければなりません。やってしまいがちなミスは、「この人は自分とウマが合う」という基準で選んでしまったり、「オペレーターとして業務知識も豊富で優秀だから」という理由で選んでしまったりすることです。気が合うこと、そして、オペレーターとして優秀ということと、SVとして活躍できることは一致しません。まったく別問題だと思ってもらったほうがいいです。SVやオペレーターから、「なんで、あの人がSVになったの!?」という声が出てしまうような人であれば、オペレーターとSVの間に不協和音が生まれ、スムーズな運用が実現できなくなってしまいます。相性や優秀さは、選ぶ基準にはならないのです。

② 何でも自分でやろうとしない

第6章2節の人材育成のパートでもお伝えしましたが、かの有名な元連合艦隊司令長官の山本五十六の言葉、「やってみせ、言って聞かせて、させてみて、ほめてやらねば、人は動かじ」は、非常によく知られていますが、この言葉には実は、続きがあります。「話し合い、耳を傾け、承認し、任せてやらねば、人は育たず。やっている、姿を感謝で見守って、信頼せねば、人は実らず」です。後半の言葉にもあるように、人は任せてあげなければ、育てようと思っても、なかなか育ちません。

特にオペレーター出身でSVになった人は、オペレーター時代に優秀だったという理由でSVに登用されている方が多いです。そうしたSVには大きな課題があります。それは、自分に業務スキルがあるため、後進に任せずに何でも自分でやろうとしてしまうのです。任せて失敗されるより、自分でやったほうが早いし、高い成果も上げることができると思ってしまうからです。しかし、それではいつまで経っても後進を育成することはできません。たとえ失敗してしまうリスクがあったとしても、後進候補と決めた人に思い切って任せてみることが大事です。まずは、任せた仕事が50％のできであったとしても、不満を持たず、次の成果では、50％以上になるよう粘り強く指導育成していきましょう。

③しっかりフィードバックをする

思い切って任せるということの重要性を説明してきましたが、任せっぱなしでは、育成したことになりません。任された本人は、「できていること」「できていないこと」を認識できないからです。この切り分けを、しっかりとフィードバックする必要があります。相手ができていないことに気がつき、次回の行動を変えられるよう、相手の心に刺さるフィードバックをするためには、日頃から相手にしっかりと関心を持ち、観察しておかなければなりません。それによって言い方や方法を変えていくことです。「良い点」や「こうしたら、さらに良かった点」「そして今後の期待」の順に伝えていきます。良い点は、伝えやすいと思いますが、こうしたらさらに良かった点、つまり、改善点は相手に率直に伝えるべきです。ここで、あまり強く言ってしまってはと遠慮してしまうと、相手の成長のためによくありません。そして、フィードバックした相手に「分かった？」と聞いてはいけません。なぜなら、新人オペレーターと同様、後進のＳＶも分かっていなくても「はい」と反射的に答えてしまうからです。本当に理解できているかどうかは行動で評価すればよいです。

その他に注意すべきこととして、複数の改善点が見えていたとしても、一度にすべてを伝えてしまうと消化不良になってしまうので、３つ以内に絞って伝えるとよいです。

④やるべきことを可視化して自信をつけさせる

こうして後進に業務を少しずつ伝授していく過程で、陥りがちな過ちがあります。それは、後進にゴールが見えていないという状況です。これでは、どこまでやればSVとして務まるのかがわかりません。最初の段階で、ゴールと教育期間、教育の過程を伝えておくことが重要です。

できれば教える側と教わる側、双方が一緒に確認しながら進められるシートを用意するのがよいでしょう（**図8-4：SVトレーニングシート**）。シートを使い、どこまで完了できたかを互いに確認しながら印鑑を押していく。そうすることで、抜け漏れがないことを振り返ることができるのはもちろん、教わる側にとって「ここまでできるようになった！」という自信にもつながっていきます。何ができていて、何ができていないかを可視化することがとても重要なのです。

図8-4　SVトレーニングシート

		トレーニング内容	実施日	トレーナーSV	新人SV
出社時	1	センター長、同僚SV、オペレーターに挨拶ができる	4/25	寺下	河野
	2	出社時に前日の引き継ぎノートを確認している	4/27	寺下	河野
	3	朝礼事項を把握し、オペレーターに情報発信できる	4/28		
	4	SV朝礼で、連絡事項を正確に伝えることができる			

⑤小さい成功体験を積ませよ

小さくても構わないので、後進ＳＶに成功体験を積ませることが重要です。「教わった通りにやってはいるけれども、あまり自信が持てない」という人でも、実際にやってみてできることが分かれば、自信につながります。

例えば、経験の浅いＳＶがクレームの二次対応をする際、「説明したいことがあっても、まずはお客様の状況や要望を聞くことに徹する」と指導していたケースで説明してみましょう。実際にクレームの二次対応をする後進のＳＶが、教えた通りに言いたいことをグッと我慢して、お客様の声に耳を傾けていたら、その場ですぐにフィードバックしてあげるとよいです。「教えたこと、きちんとできていたね！」と。そうすると、教えられたほうも「これで良かったのか！」と少しずつ自信がついてきます。小さな成功体験を積み重ねることで、本人の自信をつけさせることです。

4. まとめ

第8章では、コンタクトセンターが経営貢献していくには、経営層の進むべき方向性を知り、センターの目標と経営層の目標を連動させることが大切であることを確認しました。また、経営層を動かすには、熱い思いだけでなく、思いを可視化して、相手を動かす資料が作れることが必要です。

おわりに

ここまでお付き合いいただき、本当にありがとうございました。いかがでしたでしょうか。ＳＶ業務というと、とても幅広い知識と経験が必要になり、非常に大変といった感じの印象を持ちがちですが、この本を読んで、これなら自分でもＳＶ業務ができるかもしれないと思っていただけたのではないでしょうか。１つでも、ＳＶスキル習得のヒントになれば幸いです。そして、上長の皆さんは、実際に新人ＳＶを育成したりする際に活用いただき、既にＳＶとして稼働されている方は学び直しに使ってもらえればと思います。

本書でもお伝えしましたが、ＳＶで経験したことは、あらゆる所で役に立つと言えます。私は、ヤフーを辞めて、独立しましたが、ＳＶ時代に経験したことが今でも大変役に立っていますし、その体験がなければ、今の自分はいなかったと思います。

ＳＶは、通常の企業勤めではなかなかできない経験ができます。通常、企業や自治体で、管理職になるには、かなりの年数を重ねないとなれないことも多くあります。そんな中で、ＳＶは、管理職的な立ち位置で、仕事をすることができます。若くして、数名から、大型センターのマネージャーになれば数百名を統括することにもなります。しかし、残念ながら、日本には、米国や韓国のようにコンタクトセンターの学校はありません。SVを体系的に育成する学校もなければ、企業においても、SVを十分指導するだけの余力がなかったりします。本書では、SVとして稼働するための最低限必要な内容は網羅できたと思いますので、ぜひ参考にしていただき、あとは、現場で実践してみてください。本書で学んだことを何度も繰り返すことができていけば、センターにおいても、また、経営層から見ても必要なSVになれると思います。

最後になりましたが、本書の出版にあたり、たくさんの方にご協力いただきました。この場をお借りして、お礼を申し上げたいと思います。

過去に今回、出版させていただいた株式会社リックテレコムのコンタクトセンター専門誌である月刊コールセンタージャパンで「SVの教科書」「SV道場」「問題解決のプロが教えるコールセンター相談広場」と半年にわたる連載を3回も掲載していただきました。私の中だけにあった知見をようやく本書にまとめることができ、矢島竜児編集長には大変感謝しております。本当にありがとうございました。また、株式会社リックテレコムの編集者である山本浩祐さんにも大変お世話になりました。出版の企画段階から校正、出版に至るまであらゆることで、大変尽力していただきました。深く感謝申し上げます。

今回の出版にあたり、私が発行しているメールマガジンをぜひ、書籍化してほしいと言ってくれ、企画段階から原稿のチェックやアドバイスをいただいた千葉広宣さん（株式会社ZOZO）、荒田祐一郎さん、青木奈都実さん、柳 麻由さん（株式会社ファンケル）、川出陽一郎さん（京セラ株式会社）には、お忙しい中、協力していただきました。ありがとうございました。

最後に本の執筆にあたり、亡くなった弟にこの本を捧げることにして、この執筆を終えたいと思います。

２０２４年５月吉日

寺下 薫

【参考文献】

・「世界一速い問題解決」ＳＢクリエイティブ（寺下 薫）
・「事業部長からの手紙」（諏訪良武）
・メールマガジン「ＳＶの基本」（寺下 薫）
・「ＣｈａｔＧＰＴで経営支援　強い組織の築き方」日経ＢＰ（寺下 薫 他）
・「教える技術」かんき出版（石田 淳）
・「ビジネスマンのための『数字力』養成講座」ディスカヴァー・トゥエンティワン（小宮一慶）
・「情報処理学会コンタクトセンターフォーラムの活動紹介」（宮崎義文）デジタルプラクティス
・情報処理学会デジタルプラクティス論文「経験学習と問題解決スキル」（寺下 薫）

＜著者略歴＞

寺下 薫 てらした・かおる

スイスに本社がある外資系企業を経て、ヤフー株式会社に入社。ヤフー入社後は、Yahoo! Japanの北九州センターや1日半で200席のクレーム対応部署の立ち上げなどを経験。その後、人材育成部門の責任者として、社員の人材育成に従事し、2012年からソフトバンクユニバーシティで問題解決に関する授業を担当。2013年から問題解決養成塾「SV研究会」をヤフー内で立ち上げ、外部の企業にも門戸を開いて、71社236名の若手SVを育成している。2017年にIT協会のカスタマーサポート表彰制度審査委員に就任。2018年に人事に異動し、管理職1500名の育成、新卒社員530名以上の育成に従事。2019年に独立し、現在は、コンサルティング、研修、講演、執筆を中心に活動中。研修は、2年後の予約まで入る人気講師である。2020年にコンタクトセンター・アワード個人表彰部門の審査員に就任。著書は、「世界一速い問題解決」(SBクリエイティブ)と「実は、仕事で困ったことがありまして」(大和書房)、「ChatGPTで経営支援　強い組織の築き方」(日経BP、共著)。ソフトバンクユニバーシティ認定講師。キャリアコンサルタント(国家資格)

コールセンター／CS組織のリーダー学

スーパーバイザーの教科書

2024年6月11日　第1版第1刷発行

著　者　寺下 薫
発行者　土岡正純
発行所　株式会社リックテレコム
〒113-0034 東京都文京区湯島3-7-7
振替　00160-0-133646
電話　03(3834)8380(営業)
　　　03(3834)8104(編集)
URL　https://www.ric.co.jp/

カバーデザイン　藤重真一(BEHAVIOR DESIGN)
D　T　P　株式会社リッククリエイト
印刷・製本　シナノ印刷株式会社

乱丁・落丁本はお取り替え致します。
ISBN978-4-86594-414-3

編集：山本浩祐
Printed by Japan